O PROBLEMA DO CONCEITO DO LIBERALISMO

CONTRACORRENTE

Bruno Camilloto
Giulle Vieira
Sérgio da Mata
(Organizadores)

O PROBLEMA DO CONCEITO DO LIBERALISMO

SÃO PAULO
2023

CONTRACORRENTE

Alameda Itu, 852 | 1º andar |
CEP 01421 002
www.loja-editoracontracorrente.com.br
contato@editoracontracorrente.com.br

EDITORES
Camila Almeida Janela Valim
Gustavo Marinho de Carvalho
Rafael Valim
Walfrido Warde
Silvio Almeida

EQUIPE EDITORIAL
COORDENAÇÃO DE PROJETO: Juliana Daglio
PREPARAÇÃO DE TEXTO E REVISÃO: Ayla Cardoso
REVISÃO TÉCNICA: Douglas Magalhães e Amanda Dorth
DIAGRAMAÇÃO: Pablo Madeira
CAPA: Mariela Valim

EQUIPE DE APOIO
Fabiana Celli
Carla Vasconcellos
Valéria Pucci
Regina Gomes
Nathalia Oliveira

Dados Internacionais de Catalogação na Publicação (CIP)
(Câmara Brasileira do Livro, SP, Brasil)

O problema do conceito do liberalismo / organização Bruno Camilloto, Giulle Vieira, Sérgio da Mata. -- São Paulo, SP : Editora Contracorrente, 2023. -- (Coleção Ensaios)

ISBN 978-65-5396-094-7

1. Democracia 2. Liberalismo 3. Liberalismo - História 4. Política - Brasil I. Camilloto, Bruno. II. Vieira, Giulle. III. Mata, Sérgio da. IV. Série.

23-147326 CDD-320.51

Índices para catálogo sistemático:
1. Brasil : Contratos de seguros :
Direito securitário 34.368.02 (81)
Aline Graziele Benitez - Bibliotecária - CRB-1/3129

@editoracontracorrente
Editora Contracorrente
@ContraEditora

SUMÁRIO

APRESENTAÇÃO

Identificar os limites de atuação do poder estatal e as possibilidades de proteção e garantias normativas da cidadania tem sido uma tarefa árdua na esfera pública brasileira, especialmente na atualidade.

Os ataques recentes aos pilares da democracia liberal têm uma longa história em nosso país, à direita e à esquerda do espectro político. Não raro, infelizmente, os próprios "liberais" empobrecem o debate ao reduzir tal tradição a uma doutrina econômica e à crença nas supostas virtudes do "Estado mínimo". Deslegitimado "por fora" e enfraquecido "por dentro", o liberalismo brasileiro tem diante de si ainda um longo caminho até atingir a maioridade e a plasticidade que o caracterizam em outros países.

É revelador, porém, que muitos falam em "crise" da democracia liberal, amplia-se o número daqueles interessados numa época em que no legado *político* do liberalismo, em qualificar a discussão a seu respeito e promover um trabalho de esclarecimento sem o qual estaremos condenados a perpetuar o perigoso fascínio pelos extremos.

Foi com esse espírito que, no dia 09 de abril de 2021, um grupo de docentes da Universidade Federal de Ouro Preto, em articulação interdisciplinar, organizaram um encontro de pesquisa dedicado ao tema *Os problemas do conceito do liberalismo*. Contando com pesquisadores de diversas áreas, filiações disciplinares e perspectivas teóricas, o encontro buscou ampliar e aprofundar a reflexão sobre o liberalismo político no ambiente universitário brasileiro. Buscou-se, também, produzir uma reflexão que possa, de alguma forma, contribuir para a esfera pública brasileira no tocante às possibilidades de compreensão do liberalismo no cenário nacional.

O resultado das ideias apresentadas e debatidas criticamente pelos participantes do evento pode ser conferido neste volume. A publicação das intervenções se apresenta, por um lado, como uma forma de ampliar o alcance da esfera pública universitária e, por outro, como uma forma de submeter novas perspectivas sobre o liberalismo ao escrutínio público.

CAPÍTULO I

RENOVAÇÃO DO LIBERALISMO EM TEMPOS DE CRISE? UMA HIPÓTESE PARA AS IDEIAS LIBERAIS ALÉM DO NEOLIBERALISMO[1]

JENS HACKE

1 Crise: que crise?

O liberalismo parece estar em crise permanente. Pelo menos durante o século passado, raramente houve um período que tenha se mostrado um porto seguro para o liberalismo. Se fôssemos nomear seus períodos mais difíceis, provavelmente concordaríamos que os anos Entreguerras

---

1 Trad: Guilherme Bianchi; rev. da tradução: Sérgio da Mata.

significaram uma crise existencial da política liberal e do pensamento liberal; em seguida, avançaríamos para a ascensão da Nova Esquerda na década de 1960, que marcou a desaprovação de uma sociedade industrial que havia perdido o sentido do bem-estar e estava à beira da tecnocracia. E provavelmente acabaríamos com as recentes crises da democracia liberal, que está sendo ameaçada pelo advento de um populismo antiliberal que se espalhou da Europa aos Estados Unidos e, claro, ao Brasil.

Como vocês podem ver: as crises do liberalismo para as quais acabei de chamar sua atenção estão indubitavelmente entrelaçadas com o destino da democracia liberal. Então, o que explica que a maioria dos democratas confessos, que analisam o padrão das sociedades ocidentais, dediquem suas forças intelectuais para promover e aprofundar a democracia e, ao mesmo tempo, odeiam o liberalismo? O pensamento liberal e as ideias liberais parecem não ter apelo – nem entre acadêmicos, nem nos discursos políticos.

Devemos ter em mente, porém, que a democracia liberal é uma invenção bastante recente. A combinação entre ideias liberais e governo democrático era um conceito revolucionário – para os liberais, aceitar a democracia de massa e o sufrágio universal foi uma grande inovação, algo que aconteceu no final da Primeira Guerra Mundial. Ao mesmo tempo, os socialistas transformaram-se em social-democratas reformistas que aceitaram o sistema parlamentar, respeitaram a propriedade e os direitos individuais, ao mesmo tempo em que abandonaram a tomada revolucionária do poder. Voltarei adiante a essa relação tensa, mas fragmentada, entre liberalismo e democracia.

Mais uma palavra sobre o termo "crise": quanto mais penso no discurso recente sobre crise, mais sinto que todos contribuímos para a intensificação do fatalismo se continuarmos a falar a respeito. Isso pode não ser útil para resolver problemas. Talvez devêssemos permitir pensar sobre a democracia liberal em termos mais sóbrios.

Talvez a democracia em sua forma liberal seja o único sistema político que conta com a existência de crise, com crítica e oposição o tempo todo. Existem boas razões para supor que a democracia, em todas as épocas, foi capaz de lidar com crises cujas causas foram as mais diversas. Mesmo que não houvesse crise existencial à vista, se poderia criticar uma sociedade liberal por ser individualista, materialista, superficial, e assim por diante. Enfatizando a consciência cívica, os críticos podem quase sempre falar sobre a falta de virtudes democráticas, a decadência do bem comum ou o declínio da solidariedade na sociedade. Mas, é claro, existem várias outras ameaças à democracia, cujos inimigos atacam ofensivamente o Estado liberal. E, naturalmente, há uma grande diferença se falamos da situação do Estado liberal no Brasil, nos Estados Unidos, na Polônia, na Hungria ou na Alemanha.

2 Antiliberalismo contemporâneo e neoliberalismo

O senso comum vincula o antiliberalismo a um regime liberal hipotético, pensado como a força hegemônica na sociedade moderna. A acreditarmos nos críticos, chegaremos à conclusão de que o liberalismo domina política e culturalmente o mundo pelo menos desde meados do século XIX. O problema que enfrentamos aqui é o seguinte: o liberalismo não é apenas definido como uma ideia legitimadora da sociedade capitalista; mais do que isso – ele é reduzido a uma forma um tanto vulgar de pensamento econômico acompanhada por um sistema parlamentar sem padrões democráticos adequados. O fantasma do neoliberalismo se move por todos os lados. O neoliberalismo significa um capitalismo financeiro que perdeu qualquer senso de proporção. Representa ainda as forças anônimas da globalização, a necessidade do indivíduo ser flexível e agir conforme as necessidades do mercado – o *homo oeconomicus*!

Seria muito deprimente se nos rendêssemos a essa compreensão reduzida do liberalismo como neoliberalismo. Mas não podemos responsabilizar apenas uma esquerda crítica por essa visão do liberalismo, embora faça parte de seu repertório situar o liberalismo burguês na fronteira com o fascismo – como seu predecessor necessário. Os próprios liberais de mercado fatalmente se apossaram do termo liberalismo e o reduziram ao pensamento econômico, confirmando assim a posição dos críticos de esquerda.

3 Liberalismo: a história de uma ideia

Essa noção não leva em conta o fato que podemos (e como eu argumentaria: que devemos) ver o liberalismo como um conceito abrangente, como uma multidão de ideias normativas que devem ser devidamente equilibradas. Se nós, como o fazem muitos críticos, condenamos o liberalismo como um equivalente do neoliberalismo, também nos livramos, demasiado facilmente, de uma tradição liberal que moldou nossas ideias centrais de liberdade, igualdade, Estado de Direito e Justiça Social.

De fato, se olharmos para a crítica virulenta ao liberalismo que predomina hoje, que parte da engenhosa interpretação de Foucault sobre a *gouvernementalité* liberal, encontramos um amplo arco de reprimendas e/ou obituários que rejeitam completamente o termo liberalismo. No meu campo – o da teoria política – a força predominante no momento parece ser a teoria democrática radical e pensadores que dão boas-vindas ao "retorno do político". Todavia, teóricos como Chantal Mouffe, Jacques Rancière, Judith Butler ou Wendy Brown se posicionam (a partir de diferentes ângulos) questionando o paradigma liberal: ou o demos/povo entra em campo para reivindicar reconhecimento e direitos para os desamparados, ou então as grandes teorias que seguem o cosmopolitismo de John Rawls e Jürgen Habermas são atacadas por seu universalismo e de seu liberalismo idealizados. No nível da teoria social e econômica, como eu disse, é ao globalismo neoliberal que temos de resistir.

Não quero colocar em dúvida que essas críticas são, de muitas maneiras, baseadas em análises sólidas de equívocos reais. Não há como negar os efeitos problemáticos da globalização. Mas de forma geral o que considero perigoso é a condenação do liberalismo, que, se levada a sério, teria um efeito devastador sobre a teoria política. A história do pensamento que acompanha o liberalismo é vasta e rica, e é uma história de mudanças, reações adversas, rupturas e aprendizado.

4 Voltando cem anos!

Para onde devemos voltar nosso olhar a fim de encontrar argumentos em favor da persistência das ideias liberais? De muitas maneiras, um estado de crise comparável (porém mais grave do que a atual) pode nos ensinar acerca da flexibilidade e das capacidades evolutivas do liberalismo – refiro-me à crise existencial da democracia liberal durante o período do Entreguerras.

Permitam-me voltar, por um momento, ao debate sobre o liberalismo nas décadas de 1920 e 1930, que discuto em meu livro.[2]

2 HACKE, Jens. *Existenzkrise der Demokratie*: zur politischen Theorie des Liberalismus in der Zwischenkriegszeit. Berlim: Suhrkamp, 2018.

A concepção subjacente a meus estudos pode ser descrita assim: a despeito da crise então vivida pelo liberalismo político, as décadas de 1920 e 1930 foram uma época produtiva, e sem paralelo, para o advento de fecundos discursos sobre a teoria da democracia liberal. Em outras palavras: o declínio do liberalismo político, a derrocada dos partidos liberais na Alemanha da República de Weimar e em outras nações europeias, a erosão do centro político, bem como a situação devastadora do capitalismo e da democracia parlamentar, levou a debates intelectuais muito importantes e que tiveram um impacto decisivo na configuração da democracia liberal na Europa do pós-guerra. Tais lições podem ser aprendidas e provam ser válidas ainda hoje.

Evoco apenas alguns tópicos aos quais não me dedicarei em detalhes, mas que ao menos permitirão ilustrar meu argumento.

1. Pensadores liberais na Alemanha (e em toda a Europa) passaram a aceitar e, em muitos casos, a dar as boas-vindas à *moderna democracia de massas*. Devemos ter em mente que o sistema eleitoral prussiano de três classes desapareceu em 1918/1919; devemos nos lembrar que o sufrágio feminino foi introduzido na maioria dos países após a Primeira Guerra Mundial; e

que a prática do governo parlamentar teve de ser aprendida a partir do zero.

2. Tão logo os liberais progressistas alcançaram muitos de seus objetivos muito rapidamente, *a democracia liberal passou a ser desafiada pela extrema esquerda e pela extrema direita*. Os liberais identificaram os adversários da democracia parlamentar e tiveram que repensar os pré-requisitos básicos do Estado Democrático para defender a ordem política existente. Os conceitos de antitotalitarismo e de "democracia militante", que definiram o estado de espírito da Guerra Fria, foram criações das décadas de 1920 e 1930.

3. A necessidade de defender a democracia estimulou a busca por melhores e mais consistentes *argumentos normativos em favor da democracia*. Abordagens realistas à Max Weber ou Joseph Schumpeter falharam em lidar com o problema, de como as democracias poderiam prover sua própria legitimidade. Como a democracia pode garantir o apoio e a confiança do povo? Mesmo sóbrios teóricos do Direito como Hans Kelsen (aliás, um dos mais importantes e subestimados pensadores da democracia) prometeram um novo entendimento – a democracia não deveria se restringir a um tipo de governo, mas a um

modo de vida. Kelsen destacou a importância da cultura democrática, que deve atingir todos os aspectos da vida social.

4. O capitalismo não é um fim em si mesmo, ele deve servir às necessidades do povo – e não há caminho de volta ao *laissez-faire* ou ao Estado de vigilância. Liberais como John Maynard Keynes, os ordoliberais alemães e muitos social-liberais dedicados defenderam um Estado ativo e regulador, que atuaria em nome da produtividade, da inovação e da justiça social. Toda forma de capitalismo e empreendedorismo também deve ser justificada por seus objetivos democráticos. Eu faria um apelo para recordarmos que o termo "social-liberalismo" foi – por um período – um dos conceitos mais atraentes entre os intelectuais. E valeria a pena o esforço de restabelecer esse objetivo, hoje sob novas circunstâncias.

Há boas razões para ver as décadas de 1920 e 1930 como o auge de um período de transformação mais longo, que estabeleceu um forte vínculo entre liberalismo e democracia. Na verdade, a relação entre ambos foi marcada por tensões. Liberalismo e democracia foram frequentemente considerados distintos; não apenas Carl Schmitt traçou o famoso contraste entre, por um lado, o liberalismo parlamentar (em sua opinião enraizado numa época específica – o século XIX burguês –, fundamentado na "discussão" e na busca pela verdade) e, por outro, a democracia – sua noção de democracia visava, de forma rousseauniana, à identidade entre governantes e governados. Para Schmitt, democracia e ditadura poderiam ser duas faces de uma mesma moeda. Líderes plebiscitários poderiam se basear na aclamação popular, que devia ser entendida como legitimidade democrática. O populismo de hoje parece recair nessas categorias schmittianas. A concepção é antiga, provou-se errônea e é intelectualmente pobre. Mas seu renascimento indica que de alguma forma a democracia representativa perdeu de vista seu apelo normativo, sua força integradora e seu senso de responsabilidade compartilhada entre cidadãos.

5 Complementaridade, constelações e ambivalência

Quando pensamos em liberalismo, devemos considerá-lo como o complemento necessário da democracia. A democracia em si mesma permanece vaga e indeterminada. Um modo de vida democrático depende de valores liberais que nos ajudem a almejar uma boa vida. Reacessar o liberalismo da República de Weimar, que extraiu suas ideias de uma experiência de ameaça, nos ajuda a entender a fragilidade e a contingência da democracia liberal.

Sua emergência não obedeceu a uma lei natural; ele não estava destinado a existir. A democracia liberal é uma invenção que deve sua existência a uma certa constelação histórica. Você não precisa apenas protegê-la e defendê-la, mas precisa também de vontade política e de fé para mantê-la de pé, combinado com prática e compromisso constantes.

Identificar-se com o liberalismo significa aceitar a pluralidade dos liberalismos. A liberdade inclui muitas facetas, com diferentes aspectos, em diferentes momentos. Friedrich Nauman, um liberal alemão contemporâneo de Max Weber, descreveu a natureza da liberdade na virada para o século XX da seguinte maneira:

> a liberdade não tem a mesma forma ou a mesma cor em todos os momentos e lugares. Cada época tem suas liberdades, e está à sua procura.

Isso soa como uma afirmação relativista. Mas nos recorda que só podemos alcançar uma compreensão complexa da liberdade se permitirmos que diferentes versões do liberalismo existam lado a lado. Temos que ajustar diferentes noções de liberalismo a diferentes constelações políticas e sociais: elementos inovadores do liberalismo de mercado, tanto quanto compassivas convicções social-liberais, que ofereçam oportunidades a todo indivíduo (*Lebenschancen*, como as chamaria o sociólogo alemão Ralf Dahrendorf); um liberalismo de direitos e liberdades civis, tanto quanto um liberalismo autoconfiante que defenda a democracia e a Constituição contra seus inimigos; um liberalismo tradicional com raízes históricas, tanto quanto um liberalismo que acolha a pluralidade e novas formas de autoexpressão individual.

Admitiremos sem dificuldades que tal atitude "ou isso, ou aquilo" escapa a uma definição precisa do que o liberalismo pode significar de fato. Grandes pensadores como Max Weber, Moritz Julius Bonn e Hans Kelsen sabiam das ambiguidades e ambivalências do liberalismo. Eles sabiam que o sucesso político e a aceitação social não necessariamente seriam capazes de garantir a longevidade das ideias liberais. As ideias liberais tendem a se difundir; uma vez aceitas, elas podem ganhar vida própria. O liberalismo está, portanto, sempre sob o perigo de pagar um alto preço quando triunfa. Além disso, o liberalismo sempre provocou o desdém por parte de grupos que temiam estar do lado perdedor do processo de modernização. Certamente, os liberais também incorporaram ideias social-democratas. Pode-se falar aqui de uma infiltração ideológica mútua. E talvez o social-liberalismo tenha sido a última utopia realizável – é hora de renová-la!

6 Uma nova agenda para o social-liberalismo

Em 1968, Ralf Dahrendorf descreveu a agenda liberal como uma

> política de abertura, de reforma ativa de nossa sociedade para desenvolver oportunidades iguais para todos os indivíduos. Tais políticas diferem das tendências de bem-estar pré-moderna, da mesma maneira que difere das de formação tecnocrática.

A defesa de sociedades abertas como um modelo de civilização atraente contra ideologias de violência e coletivismo forçado era uma tarefa urgente para os liberais do período do Entreguerras. Eles tinham que reconhecer a ameaça, em primeiro lugar. Parece-me que o liberalismo nunca pode pretender alcançar a linha de chegada, porque a paz e a liberdade nunca podem ser consideradas garantidas para a eternidade. E, com certeza, na Europa ocidental e central, nos Estados Unidos, e de modo mais óbvio na maior parte do mundo, o antiliberalismo está florescendo. Assim, nunca será algo obsoleto repensar a situação do liberalismo enquanto uma ideia.

Para terminar, gostaria de abordar quatro temas que me parecem bens essenciais para um liberalismo renovado e moderno. Todos os temas e esquemas podem ser rastreados em uma longa história do pensamento liberal e precisam ser ajustados às noções contemporâneas de liberdade.

1. Retorno ao Bem Comum: o liberalismo moderno – se levar a sério sua demanda de que a liberdade pessoal depende da ordem social – precisa se articular com o republicanismo: para definir o bem comum, para valorizar a cultura cívica e para restabelecer um senso de união. Como já foi apontado por muitos intelectuais liberais (por exemplo, Mark Lilla): a política de identidade enfraquece o senso de comunidade. Para além do reconhecimento e em vez dessas lutas por identidades intocáveis, o fator

da cidadania equânime deveria ser visto como muito mais importante.

2. Isso nos leva, em segundo lugar, a uma agenda política que se importa com a igualdade de oportunidades (*Lebenschancen*) para todos os cidadãos, independentemente de sua origem étnica, condição social, gênero ou religião. A democracia liberal pode ser entendida como uma oficina de reparos e ajustes constantes na justiça social. Reforçar a igualdade de oportunidades deve ser o objetivo central para um liberalismo renovado – isso não significa socialismo e simples redistribuição, mas, mais além: educação, bem público e seguridade social.

3. O terceiro aspecto está na esfera das necessidades existenciais da vida. Um objetivo vital e central da política liberal deve ser o de preservar as pré-condições ecológicas da liberdade. Basicamente, os dias de uma sociedade de consumo industrial terminaram, e um liberalismo moderno não deve silenciar sobre uma nova compreensão da ecologia como uma parte essencial da consciência liberal. O termo "pós-materialista" soa gasto, mas ainda pode ajudar a elucidar como poderia ser, no futuro, uma boa vida e um modo de vida liberal-democrático – não

enfatizando as restrições, mas enunciando suas possibilidades.

4. O liberalismo deveria – em tempos de populismo nacionalista – preservar seu senso cosmopolita de cooperação internacional. A pandemia da Covid-19 provará que, no longo prazo, esforços nacionais individuais são becos. Os liberais não buscaram apenas competição, mas também colaboração. Portanto, seria irresponsável aderir ao bombardeio intelectual generalizado ao liberalismo. A Internacional Socialista se extinguiu, e uma internacional de direita é destrutiva. Os liberais são o último grupo ainda de pé.

Para concluir: o mais forte do liberalismo é sua pluralidade. Ela nos força a equilibrar os argumentos, a ver o mundo em sua complexidade, a reconhecer ambiguidades e a colocar a liberdade em primeiro lugar. Então, eis aí meu apelo um tanto emotivo para que não se abandone o termo liberalismo – porque ele é necessário para refletir sobre a identidade do mundo ocidental: iluminismo, Estado de Direito, individualidade, democracia responsável e a visão de um mundo que, no sentido de Richard Rorty, não desistirá da esperança social.

Referências bibliográficas

DE DIJIN, Annelien. *Freedom*: An Unruly History. Cambridge: Harvard University Press, 2020.

FAWCET, Edmund. *Liberalism*: The Life of an Idea. Princeton: Princeton University Press, 2014.

HACKE, Jens. *Existenzkrise der Demokratie*: zur politischen Theorie des Liberalismus in der Zwischenkriegszeit. Berlim: Suhrkamp, 2018.

HOLMES, Stephen. *Passions and Constraint*: on the Theory of Liberal Democracy. Chicago/Londres: Chicago University Press, 1995.

ROSENBLATT, Helena. *The Lost History of Liberalism*: from Ancient Rome to the Twenty-First Century. Princeton/Oxford: Princeton University Press, 2018.

CAPÍTULO II

O LIBERALISMO POLÍTICO TEM ALGO A CONTRIBUIR COM A TEORIA DO DIREITO?

BRUNO CAMILLOTO

I

A relação entre liberalismo e Direito aponta para a compreensão do que é (ou deve ser) o Estado de Direito. Assumindo uma concepção de liberalismo circunscrita ao liberalismo político de matriz rawlsiana e uma concepção de Direito vinculada ao registro do Estado Democrático de Direito, compreendido como a forma político-jurídica institucionalizada pela Constituição de 1988, o ensaio investiga se o arcabouço teórico construído em torno do liberalismo político contribui para uma justificação não cética do Direito. O ceticismo é uma importante tradição filosófica que deve ser levada à sério, como, por exemplo, na defesa feita por João Maurício Adeodato[3] do ceticismo jurídico como possibilidade de fundamento da tolerância. Assumiremos, todavia, a objeção ao ceticismo jurídico consignada na proposta de Direito como integridade de Dworkin.[4]

A concepção da Justiça como Equidade de Rawls[5] contribui em três sentidos para a reflexão que se segue. Primeiro, insere o conceito de Justiça no contexto da tradição do Constitucionalismo Democrático. Segundo, coloca as liberdades fundamentais como prioridade normativa na formulação do conceito de Justiça. Terceiro, não reduz o conceito de liberalismo apenas à dimensão econômica.

O tema desperta interesse teórico e prático, pois diz respeito à liberdade dos indivíduos como

---

3 ADEODATO, João Maurício. *Ética e Retórica*: para uma teoria da dogmática jurídica. São Paulo: Saraiva, 2002, pp. 317-348.

4 DWORKIN, Ronald. *O império do direito*. Trad. Jefferson Luiz Camargo; rev. técnica Gildo Sá Leitão Rios. 2ª ed. São Paulo: Martins Fontes, 2007.

5 RAWLS, John. *Uma teoria da justiça*. Trad. Jussara Simões; rev. técnica Álvaro de Vita. 3ª ed. São Paulo: Martins Fontes, 2008.

um bem a ser protegido normativamente diante do pluralismo das sociedades contemporâneas. Do ponto de vista teórico, questões como "quem está disposto a renunciar à possibilidade de decidir sobre os rumos da própria vida?" ou "quem renunciará a manifestar opiniões na esfera pública?" são exercícios intersubjetivos de racionalidade que transitam entre o liberalismo político e o Direito.

Do ponto de vista prático, questões como "quem aceitaria ser julgado por juízes sem o prévio estabelecimento das regras de julgamento?" ou "quem aceitaria a imposição de uma pena fixada apenas com base na consciência dos julgadores e sem previsão normativa anterior?" são cruciais na fixação de parâmetros para a legitimidade no uso da coerção estatal. Recentemente, assistimos ao julgamento do *Habeas Corpus* n. 193726 pelo Supremo Tribunal Federal (STF) que declarou que a 13ª Vara da Justiça Federal de Curitiba (PR) é incompetente para julgar as ações penais contra o ex-Presidente Luiz Inácio Lula da Silva. Competência é um termo técnico no Direito que diz respeito à regularidade de um julgamento por algum juiz ou órgão do Poder Judiciário. Ela estabelece os limites do poder de julgar. No Estado de Direito, um julgamento só ocorre dentro da legalidade se o juiz/órgão for competente para julgar de acordo com o Direito Processual brasileiro. A insegurança jurídica produzida tanto pelas opiniões dos cidadãos como pelas autoridades epistêmicas a respeito da correção do referido julgamento produziu, e ainda produzirá, efeitos sobre o papel da liberdade individual frente ao poder do Estado.

Contra uma concepção cética do Direito, cuja aposta é na impossibilidade de encontrar alguma resposta correta para os conflitos sociais a partir do Direito, defenderei que a liberdade individual é um conceito político fundamental na elaboração do Estado de Direito e que sua compreensão no contexto do liberalismo político contribui para a Teoria do Direito.

II

Pertencente à categoria do político, o liberalismo político se articula com a tradição do constitucionalismo democrático ocidental, na qual a ideia da liberdade individual deve ser compreendida como um bem primário constitutivo dos elementos constitucionais essenciais sendo, portanto, prioritário na configuração normativa do Estado e um dos pilares do Direito contemporâneo.[6] Subjacentes a essa configuração, estão os fundamentos contratualistas informadores da vontade da maioria, manifestada tanto por meio de mecanismos de representação quanto por meio de mecanismos de participação popular, bem como as garantias individuais contramajoritárias. O conteúdo da Declaração Universal dos Direitos do Homem e do Cidadão (1789), já ampliado e introjetado no desenho institucional das sociedades contemporâneas, transforma-se em diretos fundamentais (também denominados de civis, ou políticos, ou de primeira geração) cuja linguagem normativa são mecanismos de proteção e garantia para os indivíduos frente ao poder do Estado.

Do liberalismo, agora em sentido amplo, decorre um caleidoscópio de correntes tão distintas quanto conflitantes. O ponto de partida, em geral, é a ideia de liberdade fabricada no contexto da modernidade e que oferta contribuições para filosofia política contemporânea. Dentre as contribuições, está a formulação argumentativa de que seres humanos são capazes de agência, isto é,

6 RAWLS, John. *Liberalismo Político*. Trad. Álvaro de Vita. São Paulo: WMF Martins Fontes, 2011, pp. 268-272.

indivíduos são capazes de agir no ambiente social, justificando suas ações para si e para os demais indivíduos na experiência da vida em sociedade. Por isso, em Rawls[7] o conceito de justiça é uma concepção política e não metafísica.

Essa formulação pressupõe a ideia de indivíduo como um ser autônomo e capaz de utilizar a razão prática nas relações com seus iguais, exigindo também que quaisquer ações coercitivas que produzam efeitos diretos na vida das pessoas sejam justificáveis publicamente. A ideia de pessoa como sujeito de direitos surge e adquire força suficiente para se tornar um conceito que reivindica proteção institucionalizada em face das violências perpetradas contra os indivíduos, especialmente daquelas perpetradas pelo Poder Público.

Nem sempre há acordo sobre o uso do termo liberal. A expressão liberalismo causa desconforto e confusão na esfera pública brasileira, apresentando núcleos de conteúdos diversos, tais como o econômico, o político, o moral, o religioso e o jurídico, dentre os quais articularei os núcleos de conteúdo político e jurídico. O que me interessa

---

7 RAWLS, John. *Liberalismo Político*. Trad. Álvaro de Vita. São Paulo: WMF Martins Fontes, 2011.

aqui, porém, é a relação – necessária, como vou argumentar – entre a liberdade individual e o conceito de Direito, cujos efeitos fazem parte de uma concepção do constitucionalismo democrático.

Na tradição do liberalismo político, a autonomia é a

> capacidade dos seres humanos, compreendidos como agentes racionais, de elaborarem seus próprios planos de ação a partir da racionalidade que lhes é inerente ou, em outros termos, a capacidade de autogovernar-se. Esse núcleo do conceito de liberalismo apresenta a liberdade individual como valor fundamental.[8]

A autonomia, então, é a capacidade individual de tomar e justificar decisões nas relações intersubjetivas. A adesão ao argumento da autonomia individual não significa desconsiderar que os seres humanos são seres que agem e produzem

8 CAMILLOTO, Bruno. "Liberdade: a condição de possibilidade do pluralismo a partir do pensamento de Rawls". *Revista Eletrônica do Curso de Direito da UFSM*, Santa Maria, RS, vol. 14, nº 3, set./dez. 2019, p. 4. Disponível em: https://periodicos.ufsm.br/revistadireito/article/view/31429. Acessado em: 14.02.2023.

sentido no ambiente social. O individualismo metodológico da proposta de Rawls não deve ser compreendido como uma impossibilidade de desafiar as injustiças econômicas e sociais das sociedades contemporâneas. A ideia da "estrutura básica da sociedade", conformada por instituições sociais, articulada com o princípio da diferença[9] reconhece a existência de desigualdades sociais e econômicas e a necessidade de correções.[10] Parece-nos correto argumentar que entre as duas dimensões, individual e social, há uma relação de mútua implicação, vez que o indivíduo está atrelado aos seus próprios processos de sociabilidade enquanto é atravessado pelas condições materiais e culturais específicas do seu próprio tempo. A individualidade é constituída por meio de processos de socialização cuja principal característica é a intersubjetividade, o sujeito é tanto produtor de seu ambiente social quanto também produzido por este. Em certo sentido, o liberalismo político não desconsidera que as duas dimensões, o social e o individual, estejam

9 RAWLS, John. *Uma teoria da justiça*. Trad. Jussara Simões; rev. técnica Álvaro de Vita. 3ª ed. São Paulo: Martins Fontes, 2008, p. 73.

10 RAWLS, John. *Uma teoria da justiça*. Trad. Jussara Simões; rev. técnica Álvaro de Vita. 3ª ed. São Paulo: Martins Fontes, 2008.

mutuamente implicadas. Estar inserido em uma comunidade não elide a capacidade individual de reflexão e ação, ou como diz Waldron:

> A perspectiva liberal não diz respeito somente à importância de que os indivíduos moldem suas vidas de maneira autônoma. Ela também diz respeito aos processos de pensamento individual, reflexão e mudança que são fonte de muitos dos novos começos no mundo, incluindo novos começos comunitários.[11]

Sem reduzir a importância da dimensão social, a formulação teórica da ideia de liberdade individual configura o esforço de construir uma justificação pública em defesa da capacidade de agência humana. Diferentes perspectivas de vida, tais como crenças, religiões, posições morais em relação ao aborto, geram diferentes pretensões normativas que devem encontrar alguma possibilidade de coexistência num ambiente social marcado pelo pluralismo.

---

11 WALDRON, Jeremy. *Liberal Rights*: collected Papers 1981-1991. Cambridge: Cambridge University Press, 1993.

Considerando que é o indivíduo quem age e justifica suas ações, quem pensa e expressa seu pensamento, quem ama, quem sonha, quem sofre, quem planeja, quem deseja, quem sente medo, enfim, quem vive fruindo (ou não) as possibilidades de realização dos sentidos de sua própria existência, penso que a liberdade seja um conceito necessário ao indivíduo e, caso não fosse, deveríamos inventá-lo.

O liberalismo político depende, portanto, de uma concepção de indivíduo como agente responsável por tomar decisões no ambiente social e, que, possui a capacidade de justificação do uso da razão prática perante seus iguais. Ao uso da razão prática pelo indivíduo como forma de exercício de sua capacidade moral de decidir dá-se o nome de liberdade individual. A essa liberdade individual deverá ser atribuída prioridade política no sentido de reconhecê-la como *locus* privilegiado da realização do indivíduo, como também no sentido de propor sua tradução em normatividade jurídica.

III

A atribuição de prioridade política à liberdade individual coloca uma nova tarefa: seu reconhecimento a partir de uma linguagem normativa que consiga acomodar os diversos planos de vida dos indivíduos no interior da sociedade, tão importantes quanto contraditórios entre si. A liberdade individual precisa de uma versão jurídica.

Analisando os desacordos de Kant e Hegel em relação ao instituto do casamento, Waldron[12] argumenta que o matrimônio não começa pelo Direito, mas sim pelo sentimento de afeto entre os indivíduos. Contudo, uma vez estabelecido o matrimônio, surgem obrigações e deveres recíprocos que dependem de uma regulação normativa. Numa concepção de Direito liberal, essa regulação jurídica deve, ao menos, ser capaz de estabelecer formas de proteção dos indivíduos quando o afeto se transforma em desafeto. Em certo sentido, as obrigações legais que recaem sobre a relação de matrimônio são necessárias para quando o amor acabar.

No interior da tradição constitucional democrática, a liberdade individual se efetiva por meio dos direitos e garantias fundamentais individuais, tais como, a liberdade de pensamento,

---

12 WALDRON, Jeremy. *Liberal Rights*: collected Papers 1981-1991. Cambridge: Cambridge University Press, 1993, pp. 370-391.

de expressão, de ir e vir, de manifestação, de associação etc. Sendo assim, a liberdade individual é um dos pilares do Estado de Direito, reivindicando prioridade jurídica na estrutura normativa do Poder estatal. Sem esse pilar pode haver o solapamento de projetos de vida de indivíduos simplesmente por diferirem no tocante à sua existência, em sentido amplo, incluindo, nesse contexto, sua expressão política.

A obviedade da ideia apresentada no parágrafo anterior é desafiada na esfera pública brasileira pela adoção de uma postura cética em relação ao Direito. Streck[13] adverte que

> O Ceticismo se apresenta tanto sobre a forma de um ceticismo interior, quando de um ceticismo externo. O cético interior acredita que é possível interpretar; mas não acredita que alguém possa estar certo. O cético exterior nem acredita na atividade interpretativa. Ele afirma a possibilidade de desenvolver uma leitura

13 STRECK, Lenio Luiz; PEDRON, Flavio Quinaud. "Ceticismo e autodestruição: a moda do Direito retrô à brasileira". *Conjur*, maio. 2017. Disponível em: https://www.conjur.com.br/2017-mai-18/senso-incomum-ceticismo-autodestruicao-moda-direito-retro-brasileira. Acessado em: 13.02.2023.

> das práticas sociais livre de valores pessoais ou culturais do observador. Dworkin é fulminante, ao dizer que diante da suposta falta de parâmetros, esses céticos afirmam que não poderá nunca haver uma resposta correta, mas apenas a resposta que aquele responsável pela decisão quiser. A questão é saber qual dos dois ceticismos impera no Brasil: a interna ou a externa?

Como exemplo desta postura, retoma-se o julgamento sobre a (in)competência no HC n. 193726 que, no limite, esgarçou o sentido do próprio conceito de competência. Registre-se que a decisão do STF no HC 193726, ainda que tardia, está correta a partir do Direito Positivo brasileiro. Saber qual órgão jurisdicional possui competência para julgar, ou seja, para produzir uma decisão com força coercitiva sobre a vida de qualquer indivíduo, é um dos fundamentos do Estado de Direito. Para fixação da competência, estabelecem-se critérios tais como a lei, o contrato, a pessoa, o local do fato ou do imóvel, a matéria (relações de trabalho e de consumo, por exemplo), e, por fim, sem esgotar o rol, a própria estrutura administrativa da federação. A competência se relaciona, ainda, com o princípio constitucional denominado princípio do juiz natural que significa que nenhum cidadão pode escolher qual juiz irá julgar seu conflito – por consequência, nenhum juiz poderá também escolher qual conflito irá julgar. Esse princípio é parte central do conceito de Estado de Direito, sendo que a competência é a condição de possibilidade político-jurídica de atuação do Poder Judiciário. Sem o estabelecimento e a aplicação desse princípio, as sociedades contemporâneas saem do registro de um processo jurisdicional democrático.

A importância teórica do julgamento desse *habeas corpus* pode ser percebida pela dificuldade do Direito (em especial do próprio Poder Judiciário) em dizer se um determinado órgão do Poder Judiciário é competente ou não para julgar um indivíduo, afetando diretamente a concepção de liberdade individual do liberalismo político. A importância prática diz respeito à possibilidade desse indivíduo ser julgado por um juiz incompetente e, neste caso, suportar a violação tanto de seu direito à um julgamento justo quanto seu direito à liberdade. O argumento não é nem abstrato, nem retórico. Basta lembrar do reitor da Universidade Federal de Santa Catarina (UFSC/SC), Luiz Carlos Cancellier de Olivo, preso em 14 de setembro de 2017 numa operação da Política Federal denominada Ouvidos Moucos. Além da prisão, arbitrária segundo as regras processuais penais, ele teve vários direitos individuais violados. Sem conseguir suportar as arbitrariedades contra sua pessoa, em 2 de outubro de 2017 Cancellier de Olivo cometeu suicídio. A perspectiva cética não é capaz oferecer uma resposta adequada à essas questões, pois a dúvida lançada sobre a possibilidade de o Direito oferecer respostas certas fulmina a prioridade jurídica necessária à proteção da liberdade individual, no caso, a de um julgamento justo e a de proteção às liberdades individuais.

Na relação entre liberalismo político e Direito, a liberdade assume uma forma político-jurídica, tornando necessário estabelecer as possibilidades reais da capacidade dos indivíduos manifestarem sua vontade livremente no interior da sociedade. A fragilidade do indivíduo exige proteção frente às arbitrariedades que podem aniquilar seu direito a julgamento justo e, por vezes, à sua própria existência. Como, então, construir proteção individual suficiente? Talvez o primeiro passo seja reconhecer o direito à liberdade individual com ferramental teórico e prático capaz de erguer regras de proteção para o indivíduo, especialmente, mas não somente, frente à ação coercitiva do poder estatal.

O Direito se constituiu ao longo da modernidade como a linguagem normativa monopolizadora da regulação dos comportamentos sociais que, no registro de Estado Democrático de Direito, torna-se um conceito exigente.

Primeiro porque ultrapassa a vontade da pessoa, exigindo que qualquer cidadão que se disponha a conhecer o que é o Direito o faça comprometido com a normatividade que vai muito além do desejo subjetivo de regulamentação do comportamento dos outros cidadãos. Essa exigência pode ser mais bem compreendida com a questão apresentada por Noel Struchiner:[14] O que fazer quando o Direito diz aquilo que não queremos ouvir?

Segundo porque o Direito reivindica autonomia frente às outras dimensões regulatórias da vida social contemporânea (religião e moral, por exemplo). Isto não significa dissociação ou isolamento hermético em relação elas, mas que ele possui uma lógica distinta de funcionamento

---

14 STRUCHINER, Noel. "Indeterminação e objetividade: quando o Direito diz o que não queremos ouvir". *In*: MACEDO JÚNIOR, Ronaldo Porto; BARBIERI, Catarina (Coord.). *Direito e Interpretação*: racionalidades e Instituições. 1ª ed. São Paulo: Saraiva, 2011, pp. 119-152.

interno na qual um dos registros mais importantes na Teoria do Direito, visto que se relaciona diretamente com a possibilidade de uso da coerção, é o conhecido caráter binário: ou um comportamento é lícito ou é ilícito.

Terceiro porque a formulação daquilo que pode ser compreendido como sendo Direito, especialmente direito individual, está diretamente relacionada com os fundamentos do Estado de Direito. Nesse sentido, é possível afirmar que a cada violação das liberdades individuais viola-se, também, o próprio Estado de Direito.

Se a liberdade individual reivindica prioridade política, então essa reivindicação se relaciona com o conceito de Estado de Direito que, a partir do liberalismo do século XVII, emerge como fenômeno sócio-histórico cuja característica central é a garantia dos direitos individuais.

As consequências produzidas por um ideário econômico-liberal após a primeira Revolução Industrial são conhecidas e, como se sabe, levaram a atualizações no próprio conceito de Estado para adjetivações como Estado Social, Estado do bem-estar-social e Estado Democrático de Direito. Em que pese as necessárias revisões conceituais a partir da organização política pelas sociedades contemporâneas, a reivindicação da prioridade política para a liberdade individual continua sendo um importante argumento para sustentá-la como prioridade jurídica.

Waldron[15] nos indaga "Por que as pessoas precisam de direitos legais?" Inspirados nessa questão, perguntamos: por que as pessoas precisam de direitos individuais? Nas sociedades plurais contemporâneas a questão "quem pode (ou deve) dizer o Direito?" ganha nova reformulação. Pensar sobre quem tem a última palavra normativa na sociedade é pensar na relação entre a liberdade individual, do ponto de vista da autonomia política, e a legitimidade da atuação do Estado no uso da força. Dentre as reivindicações da liberdade individual está a de que todo e qualquer todo e qualquer cidadão ou cidadã possui condições de se expressar livremente na esfera pública, inclusive sobre as suas compreensões a respeito do próprio conceito de Direito. "Dizer o que é o direito" é "um fazer" possível e necessário entre pessoas com igual *status* de cidadania.

---

15 WALDRON, Jeremy. *Liberal Rights*: collected Papers 1981-1991. Cambridge: Cambridge University Press, 1993, p. 370.

Porém, como monopolizador da coerção social, o Estado de Direito também se apresenta como aquele que diz "o que é o Direito" nos conflitos reais entre os indivíduos no interior da sociedade. Essa possibilidade de dizer o Direito é um jogo jogado não só pelos indivíduos, mas, especialmente, pelas instituições que compõem o sistema de justiça cuja previsão decorre da mesma normatividade constitucional que configura o Estado de Direito. Dentro da engenharia institucional do Estado moderno, da qual fazem parte os poderes Executivo e Legislativo e as instituições do sistema de justiça responsáveis pelo uso da coerção, o Poder Judiciário sempre surge disposto a dizer o Direito num conflito social que tem o indivíduo como destinatário da decisão sobre o que é ou não direito naquele caso, como no julgamento do HC 193627. E, nesse exato momento, em que o peso da mão estatal se faz sentir sobre as vidas dos indivíduos, é que a liberdade individual, na tradição do liberalismo político, torna-se prioridade como tentativa de impedir o total aniquilamento de quem pouco, ou nada, pode frente às instituições do poder estatal.

IV

No registro do liberalismo político, a liberdade é fundada na concepção de indivíduo como agente capaz de justificar o uso da razão prática no âmbito de quaisquer relações sociais. No registro do Direito, essa liberdade individual assume o protagonismo no desenho institucional do Estado, servindo de proteção dos indivíduos contra os abusos do Poder Público. Se esta justificação for coerente, então podemos afirmar que, estabelecida a prioridade política para liberdade individual, o liberalismo político contribui para a Teoria do Direito fazendo uma aposta não cética na centralidade da liberdade para o conceito do Direito.

Referências bibliográficas

ADEODATO, João Maurício. *Ética e Retórica*: para uma teoria da dogmática jurídica. São Paulo: Saraiva, 2002.

CAMILLOTO, Bruno. "Liberdade: a condição de possibilidade do pluralismo a partir do pensamento de Rawls". *Revista Eletrônica do Curso de Direito da UFSM*, Santa Maria, RS, vol. 14, nº 3, set./dez. 2019. Disponível em: https://periodicos.ufsm.br/revistadireito/article/view/31429. Acessado em: 14.02.2023.

DWORKIN, Ronald. *O império do direito*. Trad. Jefferson Luiz Camargo; rev. técnica Gildo Sá Leitão Rios. 2ª ed. São Paulo: Martins Fontes, 2007.

EDMULSON, William A. *John Rawls*: a reticente socialista. Cambridge: Cambridge University Press, 2017.

FREEMAN, Samuel Richard. *Justice and the social contract*: essays on Rawlsian Political Philosophy. Nova York: Oxford University Press, 2009.

HUNT, Ian. *Liberal socialism*: an alternative social ideal grounded in Rawls and Marx. Nova York: Lexington Books, 2015.

NAGEL, Thomas. "Rawls and Liberalism". *In*: _____. *The Cambridge Companion to Rawls*. Edição de Samuel Freeman. Cambridge: Cambridge University Press, 2003.

PETRONI, Lucas. "A revolução rawlsiana". *Estado da Arte*, fev. 2021. Disponível em: https://estadodaarte.estadao.com.br/revolucao-tj-rawls-petroni/. Acessado em: 14.02.2023.

RAWLS, John. *Uma teoria da justiça*. Trad. Jussara Simões; rev. técnica Álvaro de Vita. 3ª ed. São Paulo: Martins Fontes, 2008.

_____. *Liberalismo Político*. Trad. Álvaro de Vita. São Paulo: WMF Martins Fontes, 2011.

STRECK, Lenio Luiz; PEDRON, Flavio Quinaud. "Ceticismo e autodestruição: a moda do Direito retrô à brasileira". *Conjur*, maio. 2017. Disponível em: https://www.conjur.com.br/2017-mai-18/

senso-incomum-ceticismo-autodestruicao-moda-direito-retro-brasileira. Acessado em: 13.02.2023.

______. "Apropriação moral e política do Direito degrada o Estado de Direito". *Conjur*, dez. 2019. Disponível em: https://www.conjur.com.br/2019-dez-26/senso-incomum-apropriacao-moral-politica-direito-degrada-estado. Acessado em: 13.02.2023.

______. "Como mostrar a um tolo a diferença entre o certo e o errado". *Conjur*, 06 de maio. 2021. Disponível em: https://www.conjur.com.br/2021-mai-06/senso-incomum-mostrar-tolo-diferenca-entre-certo-errado. Acessado em: 13.02.2023.

STRUCHINER, Noel. "Indeterminação e objetividade: quando o Direito diz o que não queremos ouvir". *In*: MACEDO JÚNIOR, Ronaldo Porto; BARBIERI, Catarina (Coord.). *Direito e Interpretação*: racionalidades e Instituições. 1ª ed. São Paulo: Saraiva, 2011.

WALDRON, Jeremy. *Liberal Rights*: collected Papers 1981-1991. Cambridge: Cambridge University Press, 1993.

CAPÍTULO III

OS PLURALISMOS LIBERAIS

SEBASTIÁN RUDAS

I

Nos anos recentes, tem se evidenciado que o liberalismo é uma doutrina política com um forte compromisso pela defesa do pluralismo, seja este cultural, religioso, de visões do mundo, de capacidades, ou de vínculos de identidade a grupos sociais tais como identidades de gênero, etnia ou raça. Em particular, o denominado liberalismo igualitário defende que todas essas expressões do pluralismo deveriam se relacionar em condições de igualdade de *status*. Ou seja, numa sociedade liberal, no que se diz respeito tanto a grupos quanto indivíduos, não há "Série A" e "Série B"; todas as pessoas, independentemente das possíveis formas nas quais as poderíamos agrupar, devem poder participar na sociedade em condições de igualdade de *status*.

O vínculo entre o liberalismo e o pluralismo não é novo. Autores como Isaiah Berlin já propuseram fundamentar o liberalismo a partir da ideia do "pluralismo de valores", o qual defende que a diversidade de concepções do bem existente no mundo depende da existência de uma multiplicidade de valores mutuamente irredutíveis. Discordamos profundamente sobre o que é a "vida boa" porque baseamos nossas concepções do bem em valores (liberdade, igualdade, solidariedade, segurança etc.) irreconciliáveis. Embora a tese do pluralismo de valores não seja tão influente na atualidade como já o foi na época de Berlim, hoje o liberalismo coloca o pluralismo no holofote.

É interessante ressaltar que num dos livros mais relevantes da filosofia política liberal do século XX, *Uma Teoria da Justiça* (1974), de John Rawls, o pluralismo tem uma função, quando muito, secundária: o termo "pluralismo" aparece só uma vez, e o faz para referir a uma doutrina metafísica similar à descrita por Berlim. Foi só em 1993, com a publicação do *liberalismo político*, que Rawls colocou o pluralismo no centro das suas reflexões filosóficas. A centralidade do pluralismo na filosofia política liberal é tal que, hoje, o adjetivo "liberal" parece significar "pluralista".

II

Encontramos a ênfase no pluralismo em distintas expressões da teoria política liberal contemporânea. Por exemplo, na sua expressão como *exercício crítico*, o pluralismo é utilizado como critério para avaliar fenômenos políticos atuais que atraem a atenção de analistas de várias disciplinas e correntes políticas. Um dos casos mais emblemáticos na política recente é o assim chamado "populismo". No influente livro do teórico político liberal Jan-Werner Müller[16] sobre o assunto, encontramos que este é um fenômeno antidemocrático devido a seu carácter antipluralista. Para Müller, o populismo é um fenômeno político que cria uma distinção entre um povo moralmente "puro e nobre", e tudo aquilo que lhe seja contrário. O povo "nobre e puro" joga na "Série A", enquanto o restante é rebaixado para a "Série B", sem possibilidade de ser promovido. Em outras palavras, o movimento populista define o povo como homogêneo, e

16 MÜLLER, Jan-Werner. *What is populism?* Filadélfia: University of Pennsylvania Press, 2016.

tudo aquilo que seja contrário a essa definição é excluído. O populismo é, assim, antipluralista e, portanto, contrário ao liberalismo.

Embora a pretensão universalista, e às vezes arrogante, do liberalismo possa sugerir o contrário, a teoria liberal do populismo não tem a última palavra, nem é a mais plausível, sobre esse fenômeno político. Autores como John McCormick e, mais recentemente, Camila Vergara[17] e Luciana Cadahia e Paula Biglieri,[18] defendem o populismo como um projeto político que tem como objetivo principal a inclusão do povo no exercício do poder político democrático. De acordo com esses autores, o que consideramos como "o povo" numa democracia não pode reproduzir os termos homogeneizantes e antipluralista corretamente temidos por Müller. O "povo" deste populismo – às vezes denominado "de esquerda" – é uma entidade política que alberga diversidade. Liberais como Müller dizem que esses tipos de

17 VERGARA, Camila. "Populism as Plebeian Politics: Inequality, Domination, and Popular Empowerment". *Journal of Political Philosophy*, vol. 28, nº 2, 2020, pp. 222-246.

18 BIGLIERI, Paula; CADAHIA, Luciana. *Seven essays on populism*: for a renewed theoretical perspective. Cambridge: Polity Press, 2021.

expressões políticas não são, em última instância, *genuinamente* populistas – eis a arrogância liberal. Outros liberais poderiam dizer que esse é um tipo *liberal* de populismo, com o qual abrimos espaço conceitual para o populismo como um fenômeno desejável no espectro do liberalismo como ideologia política. Hoje, acredito, ninguém defende um populismo liberal. No entanto, o uso que o termo "liberal" vem adotando recentemente coincide com essa adjetivação.

A teoria política liberal contemporânea também pode se expressar como um *exercício de revisão de conceitos normativos*. Nesse âmbito, o pluralismo é utilizado como critério para reinterpretar propostas políticas que no passado não distante pareciam contrárias ao projeto político liberal. O caso do nacionalismo é ilustrativo. Em décadas recentes, o nacionalismo era rejeitado pela maioria de teóricos e teóricas liberais, pois o consideravam quase unanimemente como um fenômeno contrário aos ideais de justiça, liberdade e igualdade. De acordo com o ideal liberal (iluminista) de reconhecimento da igual dignidade entre todas as pessoas, dividir o mundo em Estados nacionais e autorizá-los para excluir pessoas baseados nessas divisões é moralmente arbitrário. Para o liberalismo da segunda metade do século XX, o Estado moderno era uma instituição política que deveria ser superada em favor de uma ordem baseada na unidade da humanidade. Na base dessa atitude cosmopolita encontramos uma intuição pluralista: os processos de criação das nações que compõem os Estados contemporâneos excluem, discriminam e, com frequência, exterminam grupos sociais. O nacionalismo era um projeto fundamentalmente antipluralista.

No entanto, há na tradição liberal atual um processo de reconciliação com o nacionalismo. Defende-se agora o denominado *nacionalismo liberal*. Se substituímos o adjetivo "liberal" e colocamos "sensível ao pluralismo" na fórmula "nacionalismo liberal", podemos ter certeza de que preservamos a intenção daqueles que propõem esse tipo de nacionalismo. Ou seja, o nacionalismo liberal é um projeto pluralista (e igualitarista) de nacionalismo. Se o nacionalismo é a descrição de um vínculo emotivo relativamente forte com o artifício da nação, o nacionalismo liberal é esse vínculo, mas sensível à diversidade presente na constituição do povo. Independentemente da descrição da identidade nacional adotada por um movimento nacionalista liberal, esta deve ser inclusiva e sensível às numerosas identidades particulares presentes no país. Em outras palavras, o etnonacionalismo é rejeitado, assim como também o nacionalismo definido em identidades religiosas ou em tradições culturais que discriminam entre grupos populacionais pertencentes à mesma comunidade política. Embora a construção de qualquer ideia de identidade nacional implique em alguma distinção entre "nós" e "eles", o nacionalismo liberal defende a tese de acordo com a qual essas distinções podem, e devem, evitar a divisão entre "Série A" e "Série B".

Por que há no liberalismo um movimento de reconciliação com o pluralismo? De acordo com Martha Nussbaum,[19] uma das filósofas liberais mais influentes na atualidade, o ideal da justiça do liberalismo igualitário requer que os cidadãos e cidadãs aceitem realizar sacrifícios importantes para promover o bem comum. Na concepção da justiça de Rawls, exige-se a aceitação de um princípio da justiça que requer sempre distribuições igualitárias, com a exceção dos casos nos quais uma distribuição não igualitária seja em benefício dos menos favorecidos. Embora esse tipo de igualitarismo seja sedutor para muitas pessoas, é inegável que é um princípio controverso, rejeitado por muitas pessoas, acadêmicas ou não,

19 NUSSBAUM, Martha. *Political Emotions*. Cambridge: Harvard University Press, 2013.

liberais ou não. Rawls é ciente de que a adesão voluntária a esse princípio requer muito mais do que (bons) argumentos morais. É importante que exista um vínculo emotivo particularmente forte que motive as pessoas a aceitarem esse tipo de princípio igualitário. Para Nussbaum, esse vínculo emotivo deve estar apoiado num sentimento nacionalista (liberal), ou seja, um sentimento que nos motive a aceitar políticas redistributivas em benefício das pessoas menos favorecidas em nosso país. Na base deste raciocínio está a seguinte observação: os sentimentos que nos motivam a aceitar redistribuições são mais fáceis de gerar entre pessoas que se identificam como integrantes de um mesmo grupo (a família, grupo de amigos, a cidade, o país etc.). Quanto maior for o grupo, maior será a dificuldade e mais intensa deve ser a promoção dos sentimentos de solidariedade.

A necessidade do nacionalismo liberal não é percebida unicamente a partir da dificuldade na implementação de princípios controversos como o "princípio da diferença" de Rawls – aqui descrito como um princípio igualitarista. Há no interior da tradição liberal contemporânea princípios menos controversos que também motivam a reconciliação liberal com o nacionalismo. Por exemplo, o princípio de *igual liberdade*. Ou seja, a ideia de que temos o mesmo direito de ser livres. Apesar de ser um princípio aceito consensualmente na teoria política contemporânea, sua implementação prova-se bastante difícil. Por diversos motivos, falhamos sistematicamente nessa tarefa; é como se não conseguíssemos evitar cair na tentação de dividir o mundo em hierarquias grupais, em instituir “Série A” e “Série B” em nossas sociedades. Portanto, dizem aqueles que defendem o nacionalismo liberal, precisamos promover emoções (nacionais) que sejam efetivas em nos motivar para atuar conforme os nossos deveres de justiça. Ou, como diz Nussbaum seguindo o filósofo Immanuel Kant, emoções que nos ajudem a escapar da tentação de cair no *mal radical* que caracteriza nossa natureza humana. O nacionalismo justifica-se, portanto, a partir de reflexões sobre a necessidade de gerar disposições entre cidadãos e cidadãs para cumprir com deveres de justiça que, de outra maneira, não seriam observados. Este nacionalismo é, no entanto, liberal, ou seja, pluralista. A ideia de identidade nacional, dizem autores como David Miller,[20] deve ser inclusiva e acessível a todos

20 MILLER, David. *On Nationality*. Oxford: Clarendon Press, 1995.

os membros dos diversos grupos culturais que compõem as sociedades contemporâneas.

Uma terceira forma da teoria política liberal se expressar nos debates contemporâneos consiste em se mostrar como um projeto de *expansão do ideal de justiça liberal.* Encontramos um exemplo na teoria normativa que recebe o nome de "multiculturalismo libera". Na sua fase inicial, o multiculturalismo liberal foi apresentado como uma crítica ao liberalismo devido a sua cegueira frente ao pluralismo cultural. Para Will Kymlicka,[21] as teorias da justiça liberais devem reconhecer que em *todas* as sociedades, no passado, no presente e no futuro, haverá pluralismo cultural. Há um erro no pressuposto de equivalência entre Estado (entidade política) e nação (entidade cultural). Não há tal equivalência, e o não reconhecimento deste fato envolve vários tipos de injustiças.

No final dos anos 80, quando Kymlicka publicou seu primeiro livro, sua crítica ao liberalismo era em realidade uma crítica à teoria da justiça de Rawls. Contudo, a proposta de

21 KYMLICKA, Will. *Multicultural Citizenship*: a Liberal Theory of Minority Rights. Nova York: Oxford University Press, 1995.

Kymlicka consistiu em fazer do liberalismo uma doutrina política sensível ao pluralismo cultural e, portanto, o argumento não oferecia uma razão para rejeitar o liberalismo, mas uma razão para incorporar as considerações sobre o pluralismo cultural na concepção liberal da justiça mais influente da época. O argumento original é ainda plausível: Rawls considera que, numa sociedade justa, o Estado deve providenciar um conjunto de bens que qualquer pessoa necessitaria para poder desenvolver qualquer plano de vida – os denominados "bens primários". Na lista desses bens primários, Rawls inclui as "bases sociais do autorrespeito", entendidas como o tipo de reconhecimento normalmente requerido para as pessoas adquirirem um sentido de valor próprio que lhes permita perseguir com autoconfiança seus próprios planos de vida. O argumento do multiculturalismo liberal defende que o acesso à própria cultura é fundamental para poder perseguir os próprios planos de vida. Num Estado que alberga mais de uma nação – ou seja, qualquer Estado – é importante que as pessoas de todas as nações possam acessar a suas respectivas culturas para poderem realizar seus planos de vida. A intuição é a seguinte: se nas instituições que prestam serviços básicos no município de Tacuru, no Mato Grosso do Sul, só fosse falado o português, as oportunidades para os tacuruenses, cuja língua materna é predominantemente o guarani, seriam reduzidas se comparadas com, por exemplo, às pessoas que moram em Brasília. Essa é uma desigualdade de oportunidades injusta já que é, nos termos comuns nos debates teóricos sobre justiça, moralmente arbitrária. Para o multiculturalismo liberal, uma sociedade justa é aquela na qual o pertencimento cultural – ser parte de um grupo nacional no interior de um Estado plurinacional – não é fonte de acesso desigual a oportunidades. De acordo com o ideal de justiça liberal do multiculturalismo, a adoção do guarani como segunda língua oficial em Tacuru, rendendo os serviços públicos básicos acessíveis para os falantes dessa língua, é um passo na direção correta – e um requerimento de justiça ausente nas teorias da justiça anteriores à expansão do ideal de justiça liberal.

Nos anos 90, quando o multiculturalismo liberal já estava popularizado, houve uma certa resistência em aceitar a expansão do ideal de justiça liberal para o âmbito do pluralismo cultural – e a resistência, embora minoritária, ainda continua hoje. No entanto, a autocompreensão do liberalismo inclui a inclusão das demandas de justiça com origem no pertencimento cultural. Vejamos um exemplo: a nova Constituição chilena será mais justa, da perspectiva liberal pluralista, se reconhecer que é injusto que as minorias nacionais não tenham acesso às mesmas oportunidades simplesmente por nascerem numa nação sem Estado nacional. Em outras palavras, a nova Constituição será mais justa se reconhecer a injustiça envolvida nas relações de desigualdade de poder entre as culturas nacionais minoritárias e a cultura nacional majoritária. As diversas desvantagens sofridas pelos descendentes das culturas nacionais invadidas e exterminadas no passado recente são produto da recusa da cultura nacional invasora em reconhecer direitos culturais para as minorias nacionais. A rejeição da maioria cultural chilena (ou, talvez, da sua elite política) em reconhecer que a impossibilidade de acessar à cultura própria constitui um obstáculo para desenvolver o plano de vida próprio é, para o liberal contemporâneo, uma injustiça. A nova Constituição chilena será descrita como *mais liberal* se aceitar a importância de reconhecer a diversidade cultural chilena. A abundância de bandeiras mapuches nos protestos sociais que antecederam o processo constituinte é indício de que esse passo vai ser dado e teremos uma Constituição mais liberal no Chile.

III

A concepção liberal da justiça mais influente na filosofia política do último século, a "justiça como equidade" de John Rawls, não foi inicialmente defendida à luz do pluralismo. Já com a publicação do *liberalismo político* vemos que as prioridades na reflexão filosófica de Rawls mudaram consideravelmente, pois o assim denominado "fato do *pluralismo* razoável" de doutrinas compreensivas passa a ser fundamental para entender como a filosofia política liberal concebe o ideal de uma sociedade justa. A centralidade do pluralismo no liberalismo político rawlsiano tem implicações profundas sobre como devemos, desde a perspectiva da filosofia política liberal, pensar as possibilidades de promover uma sociedade que não só possa ser avaliada como "justa", mas que também seja aceita como tal por cada um de nós, tão diferentes quanto somos.

Uma das chaves para entender a centralidade do pluralismo no *liberalismo político* é o "fato da opressão". Como veremos, esta centralidade obedece à importância de evitar o uso opressivo do poder do Estado. Rawls define o "fato da opressão" como o uso do poder do Estado para preservar a unidade de uma sociedade política.

Um exemplo que ilustra claramente esta forma de injustiça é o uso do poder estatal para preservar a unidade e coesão social num regime teocrático. Durante a Inquisição da Igreja Católica, por exemplo, o aparato estatal foi utilizado para reprimir expressões de opiniões e práticas consideradas dissidentes da doutrina religiosa e política oficial. A coesão política era procurada através da prática oficial da intolerância.

No entanto, nosso imaginário não associa exclusivamente a ideia da opressão com experiências políticas que aconteceram séculos atrás. Quando pensamos na opressão, pensamos também nas práticas de repressão dos agentes estatais nas ditaduras militares da segunda metade do século XX na América do Sul. Como é bem conhecido, o aparato repressivo estatal perseguia dissidentes políticos, que eram, no final das contas, qualquer indivíduo considerado pelo regime como uma ameaça à estabilidade e unidade política. O fato da opressão é, por definição, antipluralista.

No entanto, quando Rawls introduz a noção do uso opressivo do poder estatal, ele não está se referindo exclusivamente a regimes como a Inquisição ou as ditaduras. Encontramos que o fato da opressão também se refere a sociedades governadas por "uma forma razoável do utilitarismo ou pelos liberalismos razoáveis de Kant ou de Mill".[22] Rawls reconhece o caráter problemático desta observação, pois tanto Kant quanto Mill são celebrados como expressões da mais alta qualidade intelectual na história do pensamento filosófico ocidental, estando suas posturas éticas e políticas explicitamente comprometidas com os valores políticos da liberdade de expressão, de consciência, assim como com o valor da tolerância. Nestas versões do liberalismo não encontramos o Estado repressor que com frequência imaginamos que existia durante a Inquisição e as ditaduras militares. Por que, então, Rawls considera que nesse tipo de sociedades também encontraríamos o fato da opressão? A resposta de Rawls é clara: porque, para preservar sua estabilidade durante o tempo, sociedades reguladas pelos liberalismos de Kant e Mill precisariam do poder estatal. Em outras palavras, essas sociedades só conseguem preservar a unidade através do uso da coerção do Estado; o qual constitui um uso opressivo do poder. Este é um ponto importante que vale a pena ressaltar: Rawls considera que o poder estatal é opressivo, inclusive em sociedades governadas por

---

22 RAWLS, John. *O Liberalismo Político*. São Paulo: Martins Fontes, 2011, p. 44.

concepções da justiça fortemente comprometidas com valores políticos caros ao liberalismo.

Se a descrição como "opressivas" das sociedades milliana e kantiana causa surpresa, resulta ainda mais intrigante a insinuação de Rawls de que uma sociedade governada pela "justiça como equidade" tal e como ela é apresentada em *Uma Teoria da Justiça* também seria opressiva. Esta é uma afirmação surpreendente se consideramos que a "justiça como equidade" é uma concepção da justiça especialmente sensível com a proteção prioritária das liberdades liberais mais tradicionais, por exemplo, a proteção em condições de igualdade da liberdade de consciência. A sociedade regulada pela concepção da "justiça como equidade" também é explicitamente tolerante, chegando ao ponto de ser "tolerante com os intolerantes". Por sua parte, a "posição original" – um dos argumentos mais famosos em *Uma Teoria da Justiça* – é explicitamente desenhada para que *qualquer* pessoa consiga ver o porquê os princípios da "justiça como equidade" são preferíveis aos princípios de qualquer outra concepção da justiça. Como entender, então, a afirmação de que a "justiça como equidade" constitui uma sociedade bem ordenada que só poderia preservar a unidade a partir do uso opressivo do poder estatal?

A resposta oferecida por Rawls é a seguinte: a concepção liberal da justiça deve levar em consideração a existência do pluralismo como um fenômeno iniludível nas democracias constitucionais. No entanto, o pluralismo ao qual Rawls faz referência não é o mesmo dos tipos de pluralismo mencionados em seções anteriores. Para a teoria liberal na matriz rawlsiana, o pluralismo a ser observado é um tipo de pluralismo epistêmico, ou seja, um pluralismo que refere a formas distintas de entender, avaliar, e descrever o mundo – sejam as nossas concepções do bem ou as nossas concepções da justiça. Para o liberalismo rawlsiano, portanto, é fundamental que os usos do poder coercitivo do Estado possam ser entendidos, avaliados, e aceitos por pessoas que julgam o mundo de formas radicalmente distintas – sem por isso ser pessoas que não aderem a um ideal de justiça liberal, democrático e igualitário. Ser governado por um regime político que não assume o dever de justificar os usos coercitivos do poder estatal em termos que possam ser entendidos e avaliados pelos cidadãos e cidadãs é estar sujeito a um poder opressor; independentemente de se tratar de um regime político orientado pela concepção de justiça dos liberalismos de Kant, Mill ou Rawls (antes do *liberalismo político*).

Para Rawls, o fato da opressão, isto é, a desatenção ao fato da importância de justificar o uso do poder do Estado a todos os cidadãos e cidadãs, em termos que eles e elas possam entender, avaliar e aceitar, também acontece em regimes tecnocráticos – pois as decisões são feitas por especialistas (*técnicos*) que não precisam explicar e justificar suas medidas para o povo – e em regimes paternalistas – pois as decisões são feitas por pessoas que "sabem" qual é o bem para os governados melhor do que os governados mesmos podem saber. Tecnocracias e paternalismos não levam a sério o pluralismo epistêmico que caracteriza as democracias constitucionais porque não oferecem justificações do uso do poder político que possam ser entendidas e avaliadas por todos os cidadãos e cidadãs. Uma vez considerado que nas sociedades democráticas atuais o pluralismo epistêmico é iniludível, não podemos evitar pensar que uma proposta não só pode ser *justa*, ela também deve ser *legítima*: cidadãos e cidadãs devem poder ser capazes de se verem como colegisladores ou coexecutores do poder coercitivo do Estado. Essa é parte constitutiva do governo democrático.

IV

Está em curso um processo de retrocesso democrático nas Américas, assim como em várias outras partes do mundo. Nos Estados Unidos, a democracia vigente mais antiga do mundo, aconteceu algo que muitos consideravam absolutamente improvável: a transição do mandato presidencial não foi pacífica. Muitos temem um cenário similar, ou pior, no Brasil. O prognóstico da democracia peruana é reservado. Na Colômbia, os protestos contrários ao governo são reprimidos com violência inclemente e cada vez é mais comum o discurso, nem sempre pacífico, que divide a população entre "bons" e "maus". Décadas de difícil e lenta consolidação democrática correm hoje o risco de se perder na região. É importante não perder de vista que esse enfraquecimento traz consigo a erosão de valores liberais: o autoritarismo é inerentemente antipluralista. Ele é contrário à diversidade de opiniões políticas, aos distintos modos de vida, à diferença religiosa, cultural e étnica. Ele pode tolerar a diferença, mas sob a condição de subordinação, sob a condição de aceitar a divisão entre "Série A" e "Série B" entre os grupos que compõem a população. O liberalismo contemporâneo rejeita essas ideias, pois ele está firmemente comprometido com a promoção de uma sociedade que garante, em condições de igualdade, a possibilidade de cada um viver de acordo com o seu próprio critério de vida boa. Devemos, numa sociedade liberal, ser capazes de resolver nossos desacordos, reconhecendo que a diversidade de opiniões a respeito de como conduzir nossas sociedades são em boa parte produto de desacordos razoáveis, reconhecendo que ninguém chegou a este mundo com autoridade para impor o seu ponto de vista.

Referências bibliográficas

BIGLIERI, Paula; CADAHIA, Luciana. *Seven essays on populism*: for a renewed theoretical perspective. Cambridge: Polity Press, 2021.

KYMLICKA, Will. *Multicultural Citizenship*: a Liberal Theory of Minority Rights. Nova York: Oxford University Press, 1995.

MCCORMICK, John P. "Democracia Maquiaveliana: controlando as Elites com um Populismo Feroz". *Revista Brasileira de Ciência Política*, nº 12, 2013.

MILLER, David. *On Nationality*. Oxford: Clarendon Press, 1995.

MÜLLER, Jan-Werner. *What is populism?* Filadélfia: University of Pennsylvania Press, 2016.

NUSSBAUM, Martha. *Political Emotions*. Cambridge: Harvard University Press, 2013.

RAWLS, John. *Uma Teoria da Justiça*. São Paulo: Martins Fontes, 2000.

______. *O Liberalismo Político*. São Paulo: Martins Fontes, 2011.

VERGARA, Camila. "Populism as Plebeian Politics: Inequality, Domination, and Popular Empowerment". *Journal of Political Philosophy*, vol. 28, nº 2, 2020.

CAPÍTULO IV

O LIBERALISMO ESCLARECIDO DE MARIANNE WEBER

GIULLE VIEIRA

Quando se investem esforços na recuperação do legado de intelectuais desconsiderados pelo cânone, há que se tirar tempo da discussão para as devidas apresentações. Nesse caso, peço licença para fazê-lo de maneira bastante breve e ao longo de meu texto, apoiando-me, é verdade, na curiosidade intelectual e iniciativa dos leitores. Passarei direto da esposa de Max, o renomado sociólogo alemão, para a destacada ativista pelos direitos das mulheres e socióloga do Direito, Marianne Weber (1870-1954).

Primeiro a política como vocação. O que Marianne entendia por liberdade e racionalidade se encontra registrado em suas memórias sobre o tempo de atuação no Partido Democrata Alemão (DDP).

> Nosso colorido grupo – uniforme apenas na faixa etária – era composto por pessoas maduras. Algumas delas eram espirituosas e ávidas, mas sem aquele fogo que arde em alguns jovens socialistas. (...) Os democratas em particular se mostravam moderados no ajuizamento sobre as coisas à medida que buscavam considerar os diversos ângulos. No final, [essa moderação] mostrava-se útil nos tempos difíceis, quando basta um elemento subversivo para desencadear infortúnio ainda maior para um povo [já] submetido à arbitrariedade hostil. Apesar de algumas tensões – nitidamente tive a impressão de fazer parte de um grupo de pessoas extremamente decentes e bem-intencionadas, não comprometidas, fosse com interesses unilaterais de cunho econômico e de classe, fosse com uma orientação denominacional ou ideológica. Gente livre, com visão aberta, que buscava pesar uma coisa tão bem quanto a outra e que, me pareceu, empenhar-se com particular ênfase

> pelo bem de todos, pelos interesses justamente equilibrados.[23]

"Política da moderação" é o que Peter Berger e Anton Zijderveld[24] diriam, pois se trata de atitude que obedece à autoridade racional legal em sua capacidade de exigir respeito aos limites das distintas esferas de livre ação dos indivíduos em interação. A mesma postura adotada pela ativista para quem, weberianamente, tratava-se da ética da liberdade como espírito do feminismo.

> Na Alemanha, dentro do movimento feminino de caráter não confessional, predomina a ampla unidade das visões em torno da ideia de que a mulher deve ser sim considerada, tanto dentro quanto fora do casamento, como um ser destinado à autonomia [*Selbstverantwortlichkeit*] no que se refere ao pensamento e à ação; além de que, por isso mesmo, em lugar da submissão feminina como fundamento do casamento é a ideia de

23 WEBER, Marianne. *Lebens-Erinnerungen*. Brémen: Storm Verlag, 1948, p. 80.

24 BERGER, Peter; ZIJDERVELD, Anton. *Em favor da dúvida*: como ter convicções sem se tornar um fanático. Rio de Janeiro: Elsevier, 2012.

> plena parceria [*Kameradschaftlichkeit*] entre os cônjuges que fora elevada à condição de princípio irrenunciável para organização dessa relação.[25]

Identifica-se nas palavras da autora a opção por um mínimo ético: *o direito ao convívio organizado conforme o valor da coexistência das liberdades*. Apesar do risco de cansar o leitor, uma citação mais extensa vale a pena para esclarecer o que está em jogo aqui.

> As exigências derivadas logo após [o surgimento de] a ideia de liberdade de consciência no que tange à relação do indivíduo com o Estado, com o grupo social, com seus semelhantes, encontraram sua formulação mais bem acabada na doutrina da liberdade ética do Idealismo Alemão segundo Kant: enquanto portador da razão, o ser humano é destinado a determinar a si mesmo conforme a lei moral, ou seja, a agir, não segundo o arbítrio de suas inclinações, mas segundo seu juízo.

---

25 WEBER, Marianne. *Frauenfragen und Frauengedanken*: Gesammelte Aufsätze. Tubinga: Mohr Siebeck, 1919, p. 80.

> Enquanto portador dessa capacidade para a "autonomia", ele detém uma dignidade específica, que o distingue de todos os outros seres: ele tem como reivindicar ser fim em si mesmo. A isso se segue o princípio fundamental válido para instituição de todas as [formas de] interação humana: (...) que ninguém deve tomar o outro como mero meio para os próprios objetivos. De onde se conclui que para a mulher também se coloca a tarefa moral de desenvolvimento da própria personalidade ética, autônoma. Para ela também é antiético se dobrar a uma força externa [quando] ao arrepio do próprio entendimento. Por isso ela também não deve ser tomada como mero meio para os objetivos do homem. Desses pressupostos básicos pode-se derivar o princípio positivo de instituição do casamento, onde em lugar de submissão da esposa, passa a valer sua fundação na parceria dos cônjuges.[26]

Note que o conceito "casamento de parceria" se orienta por uma noção bastante específica de

---

26 WEBER, Marianne. *Frauenfragen und Frauengedanken*: Gesammelte Aufsätze. Tubinga: Mohr Siebeck, 1919, p. 146.

liberdade que deveria, segundo Marianne, dirigir a lei moderna de forma a garantir, sobretudo à esposa e mãe, o que todo adulto precisa para se sentir livre: proteção de sua esfera de liberdade contra a tendência expansiva das arbitrariedades. E antes que o conflito entre legitimidade tradicional e legitimidade racional legal venha à baila, cabe esclarecer que para ela não se trata de intervenção do Estado no *domus*. Pelo contrário. Para nossa autora é, sobretudo, a interferência objetivamente *injustificada* do Estado na esfera necessária de liberdade da pessoa que preocupa, e sempre deve preocupar.[27] Daí sua ordem de prioridades: o que ela julgava ser o mais urgente para o Movimento Feminino era lutar pela reforma do direito em função da liberdade da pessoa também no feminino. Por quê?

> [Porque] na ausência de algum tipo de proteção externa, não existe direito, apenas questão de poder – poder e direito parecem tão mais idênticos à medida que o senhor pode exercer seu

---

27 WEBER, Marianne. *Frauenfragen und Frauengedanken*: Gesammelte Aufsätze. Tubinga: Mohr Siebeck, 1919, p. 152.

> domínio sem qualquer [expectativa de] contenção do próprio interesse.[28]

Na dimensão histórica da análise que compõe o *Esposa e Mãe no Desenvolvimento do Direito*, o nome de seu principal livro, publicado em 1907, Marianne pautou, como era esperado, o conjunto de normas e regras que autoriza e garante a total submissão da mulher, o violento constrangimento de "seu agir no mundo" conforme "o julgamento do patriarca e da multidão".[29] Concluiu que

> não existe nenhum direito matrimonial no mundo que tenha desqualificado com firmeza de maneira a tornar moralmente superável e inofensiva a forma patriarcal de instituição do compartilhamento da vida.[30]

---

28 WEBER, Marianne. *Ehefrau und Mutter in der Rechtsentwicklung*: Eine Einführung. Tubinga: Mohr Siebeck, 1907.

29 WEBER, Marianne. *Ehefrau und Mutter in der Rechtsentwicklung*: Eine Einführung. Tubinga: Mohr Siebeck, 1907, p. 300.

30 WEBER, Marianne. *Ehefrau und Mutter in der Rechtsentwicklung*: Eine Einführung. Tubinga: Mohr Siebeck, 1907, p. 500.

Mas na sequência, sua perspectiva abre nossos olhos para o que o horror à submissão normalmente nos impede de ver: os variados exemplos de figuração do direito enquanto meio para garantia e expansão da liberdade, isso ao longo de seu desenvolvimento, desde as organizações tribais, passando pelas grandes codificações até o Código Civil Alemão de 1900. Olhos abertos para o peso desse instrumento cultural, Marianne tece considerações sociológicas sobre a importância da vigília e do trabalho contínuo de reforma da lei para cumprimento de nobre função na defesa da mulher contra o interesse em sua objetificação.

O "imperativo institucional"[31] de Marianne não agradou. Na linha de frente da *Liga Feminina Alemã* entre 1919 e 1923, se viu lidando a um só tempo com quatro pontos de vista sobre como deveria ser travada a luta para emancipação do feminino. Em cada um dos quatro postos, um estandarte diferente, desenhado a partir de uma visão particular sobre a liberdade enquanto baliza

31 ZIJDERVELD, Anton C. *The institutional imperative*: the interface of institutions and networks. Amsterdam: Amsterdam University Press, 2000.

para administração da justiça.[32] Cada estandarte disputando o posto de bandeira sob a qual deveria marchar o movimento como um todo. Quatro propostas de reforma: a reforma moral, a reforma legal, a socialista e a sexual. O que dividiu a *Liga* entre libertários e conservadores. A ala dos libertários, por seu turno, subdividida em duas falanges: de um lado os socialistas e seu interesse na libertação da sociedade como um todo; de outro, os adeptos da "nova ética sexual" e sua luta pelo reconhecimento de liberdades específicas como forma de aumentar o nível de liberdade geral de cada pessoa, como diria Will Kymlicka.[33] O que os dois tipos de libertários tinham em comum é o anti-institucionalismo justificado na adulteração das bases da legitimidade das instituições jurídicas no que se refere à sua função de proteção da dignidade humana. Posição reforçada pela crença de que a identidade de interesses predomina na sustentação da interação social.

Mas e no *front* dos conservadores? Bom, ali também a divisão era clara: de um lado,

---

32 WEBER, Marianne. *Ehefrau und Mutter in der Rechtsentwicklung*: Eine Einführung. Tubinga: Mohr Siebeck, 1907, p. 403.

33 KYMLICKA, Will. *Filosofia política contemporânea*: uma introdução. São Paulo: Martins Fontes, 2006.

os interessados no uso da forma legal de dominação com vistas a perpetuar programas tradicionalistas de ação; de outro, os legalistas e sua tendência a subsumir a legitimidade da lei na mera legalidade. O que os dois tipos de conservadores tinham em comum era a intenção de se apropriar do Direito enquanto meio para legitimação de ortodoxias com objetivos nada razoáveis. Digamos que os extremos se retroalimentavam em sua reatividade. Em todo caso, o moralismo político foi identificado como efeito colateral grave aos olhos de quem assumiu como substrato antropológico-filosófico de sua sociologia a ideia iluminista de garantia da coexistência das liberdades a partir de justas instituições jurídicas. Uma ideia que, segundo Marianne, teve "sua voz abafada ora através do relativismo naturalista e histórico, ora através do materialismo também histórico".[34]

Essas palavras atiçam mais a curiosidade que o entendimento se não damos a devida atenção ao caráter *esclarecido* do liberalismo de

34 WEBER, Marianne. *Ehefrau und Mutter in der Rechtsentwicklung*: Eine Einführung. Tubinga: Mohr Siebeck, 1907, p. 403.

Marianne. E como devemos o adjetivo ao jurista alemão Martin Kriele,[35] ouçamos o especialista.

> A ideia esclarecida do progresso – diz Kriele – não visa dar um salto para o reino da liberdade, mas à encarnação da justiça na realidade. Libertação significa [por isso] ou o restabelecimento e reconsideração do direito ou a substituição da injustiça pela criação de um direito mais justo. (...) Para o iluminismo trata-se da forma que devem apresentar as instituições para servirem à justiça. [Porque] instituições permitem competências de decisão. A exigência de justiça, portanto, apela, por exemplo, ao pai de família, ao professor, juiz, funcionário, legislador, aos órgãos administrativos etc., a quem cabe tomar decisões que obrigam os outros. Sendo assim, tanto a regra que serve de base à decisão, quanto a sua aplicação têm de ser justas. A luta pela libertação política encontra [pois] sua expressão em regras do direito: nas regras do Direito Internacional, nos Direitos Humanos, nas demais regras

---

35 KRIELE, Martin. *Libertação e Iluminismo Político*: uma defesa da dignidade humana. São Paulo: Edições Loyola, 1983 [1980], p. 9.

> do direito material e processual, como também nas instituições constitucionais e nas organizações públicas e judiciárias, as quais são a condição para que o direito justo possa ser criado e aplicado.[36]

Vinte e seis anos depois da morte de Marianne, Kriele nos brinda com a distinção entre o tipo *esclarecido* de liberalismo, o tipo *relativista* e o tipo *progressista*. Seu argumento começa pela diferenciação entre o ideal de liberdade e o ideal de "libertação" defendido na teologia praticada na América Latina a partir da década de 1970. Kriele[37] identifica, naquele momento histórico, duas correntes fundamentalmente diferentes do iluminismo:

> uma que pretende fundamentar o Estado constitucional, e outra que pretende fundamentar o domínio de uma nova concepção de mundo

---

36 KRIELE, Martin. *Libertação e Iluminismo Político*: uma defesa da dignidade humana. São Paulo: Edições Loyola, 1983 [1980], pp. 9/10.

37 KRIELE, Martin. *Libertação e Iluminismo Político*: uma defesa da dignidade humana. São Paulo: Edições Loyola, 1983 [1980], p. 234.

O jurista se concentra na segunda corrente para distinguir os tipos de liberalismo, porque é dela que emana "a ideia de que a humanidade possa e deva se 'libertar' do direito, da moral e das religiões".[38] Central no argumento do autor é a maneira como o liberal relativista enxerga as "condições institucionais de uma cultura jurídica humana". Kriele o descreve como alguém que se considera "um racionalista, para quem todas as ideias políticas são igualmente ideologias, baseadas ou em interesses, ou em preconceitos" e para quem se torna cada vez mais "difícil admitir avanços seja na consciência da justiça, seja no desenvolvimento do Direito Positivo".[39]

Bom, mas, em que consistiria o caráter progressista do liberalismo então? Para Kriele,[40] o terceiro tipo de liberalismo é fruto da radicalização do relativismo e pode ser identificado por

38 KRIELE, Martin. *Libertação e Iluminismo Político*: uma defesa da dignidade humana. São Paulo: Edições Loyola, 1983 [1980], pp. 235/236.

39 KRIELE, Martin. *Libertação e Iluminismo Político*: uma defesa da dignidade humana. São Paulo: Edições Loyola, 1983 [1980], p. 174.

40 KRIELE, Martin. *Libertação e Iluminismo Político*: uma defesa da dignidade humana. São Paulo: Edições Loyola, 1983 [1980], p. 173.

"sua forma particular de exigir liberdade", qual seja, dispensando "os fundamentos institucionais da liberdade, do pluralismo e da tolerância". A descrição segue:

> Para o liberal progressista são particularmente suspeitas as instituições do Estado. Ele entende que se pode dispensá-las, desmascarar a ideologia de sua pretensa necessidade e o ethos ministerial da justiça. Ridícula parece-lhe a afirmação de que os instrumentos que o Estado emprega para coerção, possam servir exatamente para o fim de defender a liberdade...[41]

E se o tom sobe, a voz de comando passa a ordenar, na melhor das hipóteses, a missão de "transformação da consciência" que consiste em incentivar a denúncia de toda e qualquer autoridade enquanto exercício crasso de poder.[42] E apesar de ser verdade que o tema central também para o

---

41 KRIELE, Martin. *Libertação e Iluminismo Político*: uma defesa da dignidade humana. São Paulo: Edições Loyola, 1983 [1980], p. 186.

42 KRIELE, Martin. *Libertação e Iluminismo Político*: uma defesa da dignidade humana. São Paulo: Edições Loyola, 1983 [1980], p. 176.

liberal progressista seja a injustiça, o que governa é uma impaciência diante do trabalho rotineiro e infinito de esmero das formas de institucionalização do convívio. Seguindo o raciocínio de Kriele vemos que, animados com a solução final, os liberais progressistas apostam suas fichas na instauração de um novo mundo onde a ideia de justiça se tornaria supérflua, precisamente porque nesse admirável mundo novo, toda e qualquer espécie de instituições e autoridades, inclusive o Estado, restariam superados. O máximo que essa ética da convicção permite reconhecer é a necessidade de defesa da liberdade como igualmente obrigatória. Não se investe no alargamento do conteúdo da liberdade e falta imaginação quanto aos meios políticos da liberdade.

Nota-se que a lente teórica à qual Kriele nos franqueia acesso permite um ajuizamento de outra qualidade no que se refere à história da recepção da obra de Marianne dentro da *Liga*. Podemos descrever nos termos do jurista a concorrência entre os diversos pontos de vista sobre a emancipação do feminino já naquela época e sem quase nenhum risco de anacronismo. Ao fazê-lo, podemos esclarecer como a ideia iluminista de liberdade defendida por Marianne passou a ser desafiada já no início do século passado pelo que Kriele identifica[43] como "uma noção inteiramente diferente da 'libertação' com uma eficácia poderosa e universal" porque capaz de colocar "em dúvida tanto a ideia da justiça como também a necessidade de instituições para sua concretização".

Livre da responsabilidade pelo cultivo de formas para garantia de algum nível de imanência para a liberdade, a imaginação das companheiras de Marianne pôde explorar várias outras possibilidades: libertação através do domínio da ciência, democracia direta e sua crença na possibilidade de convivência destituída de toda e qualquer mediação política, o "socialismo isento de domínio", o "progressismo 'liberal'", todas estratégias citadas por Kriele e que despontaram no nascedouro do movimento feminino alemão como superiores para vencer as ameaças ao gênero. A opção pela substituição do ideal esclarecido de liberdade pelo ideal de libertação naquele momento atesta o quão poderoso é esse

---

43 KRIELE, Martin. *Libertação e Iluminismo Político*: uma defesa da dignidade humana. São Paulo: Edições Loyola, 1983 [1980], p. 10.

> influxo do ideal de libertação do direito sobre o sistema das coordenadas culturais-morais e políticas dominantes, do qual todas as decisões e ações na política, na moral, na educação e na pedagogia haurem seu sentido, valor e fim.

As palavras são de Kriele[44] e nos permitem dimensionar a força do turbilhão no qual Marianne se viu metida, refletir sobre as premissas que orientaram suas decisões e ações naquela hora e concluir que a postura adotada foi a que corresponde ao liberal esclarecido. Marianne "pesou uma coisa tão bem quanto a outra" e concluiu: se era fato que, nos termos do liberalismo esclarecido, a dominação legal deixava de ser racional toda vez que a lei fosse colocada em função da ampliação da esfera de livre ação do masculino, a luta para resguardo dos limites da esfera de livre ação do feminino não tinha como deixar de encarar o peso do direito nas garantias institucionais da liberdade da mulher.

---

44 KRIELE, Martin *Libertação e Iluminismo Político*: uma defesa da dignidade humana. São Paulo: Edições Loyola, 1983 [1980], pp. 11/12.

Esse posicionamento destacou nossa autora como protagonista no que Kriele[45] chama de "antagonismo entre as duas noções de libertação" – a "libertação do direito" e a "libertação pelo Direito". Um conflito tão fundamental para o Movimento Feminino Alemão que decidiu o destino da sociologia do direito de Marianne junto às companheiras de luta. À época, pareceu conservadora demais uma "história do direito" que, para dizer o mínimo, consiste em um verdadeiro compêndio de razões filosófico-antropológicas, jurídicas, sociais e políticas para o investimento na racionalização do direito matrimonial e de família. Estranho, porque como acusar de "moralismo burguês" o pensamento de uma intelectual que consegue comprovar em sua análise que *o ideal de liberdade da esposa e mãe adquire consistência de realidade quando as formas de organização jurídica da vida a dois impõem limites às arbitrariedades do marido e pai?* É a pergunta que me faço praticamente todos os dias desde que tomei ciência da qualidade esclarecida do liberalismo que funda a sociologia do direito de Marianne Weber.

---

45 KRIELE, Martin *Libertação e Iluminismo Político*: uma defesa da dignidade humana. São Paulo: Edições Loyola, 1983 [1980], p. 12.

Referências bibliográficas

BERGER, Peter; ZIJDERVELD, Anton. *Em favor da dúvida*: como ter convicções sem se tornar um fanático. Rio de Janeiro: Elsevier, 2012.

KRIELE, Martin. *Libertação e Iluminismo Político*: uma defesa da dignidade humana. São Paulo: Edições Loyola, 1983 [1980].

KYMLICKA, Will. *Filosofia política contemporânea*: uma introdução. São Paulo: Martins Fontes, 2006.

WEBER, Marianne. *Ehefrau und Mutter in der Rechtsentwicklung*: Eine Einführung. Tubinga: Mohr Siebeck, 1907.

______. *Frauenfragen und Frauengedanken*: Gesammelte Aufsätze. Tubinga: Mohr Siebeck, 1919.

______. *Lebens-Erinnerungen*. Brémen: Storm Verlag, 1948.

ZIJDERVELD, Anton C. *The institutional imperative*: the interface of institutions and networks. Amsterdam: Amsterdam University Press, 2000.

CAPÍTULO V

EMBATES INTRALIBERAIS NO PENSAMENTO POLÍTICO DE ALEXANDRE HERCULANO

ARTHUR ALFAIX ASSIS

> Todo o mundo que lê em português conhece Alexandre Herculano. Todos lhe admiram assim a superioridade da inteligência como a erudição literária e a profundidade do saber histórico. (...) não existe em terra brasileira quem desconheça as *Lendas e narrativas* ou *O bobo*, o *Eurico* ou *O monge de Cister*.[46]

46 Trecho citado por MENEZES, Hugo Lenes. "Relações literárias de Alexandre Herculano com a cultura letrada brasileira". *Moara*, nº 48, 2018, p. 85.

Já há muito que essas palavras de Liberato Bittencourt, pronunciadas em 1916, deixaram de ser justificáveis – e não cabe lamentar que assim seja. A produção literária em que repousou a maior parte da celebridade de Herculano deste lado do Atlântico tem certamente o seu valor. Trata-se, porém, de um valor literário muito diferente do que podemos atribuir a autores posteriores como Eça de Queiroz, Fernando Pessoa, Florbela Espanca, Miguel Torga, Sofia de Mello Breyner ou José Saramago. Explicar bem essa diferença seria uma tarefa complicada de crítica e história literária, e está fora dos meus propósitos e das minhas competências. De qualquer forma, uma hipótese que poderia eventualmente ajudar numa tal explicação é a de que a produção poética e ficcional de Herculano é muito fortemente vinculada a passados, presentes e futuros muito específicos, que não estão, nem podem (mais) ser conectados diretamente à experiência brasileira.

Agora, talvez caiba, sim, lamentar um pouco que o quê poderíamos tomar pelo Herculano não-ficcionista tenha sido quase esquecido pelos cientistas políticos e pelos historiadores das ideias no Brasil. Os seus textos de história e de intervenção política abrigam uma interessante e consistente doutrina liberal, constituída e reforçada em meio a polêmicas contra adversários "externos" – conservadores tradicionalistas e/ou reacionários. Mas, além disso, foram fortemente marcados por embates intraliberais, longe dos quais as posições do autor não podem ser satisfatoriamente entendidas, e que, já por isso, vale a pena conhecer mais de perto.

Ao longo da década de 1840, Herculano passou a ser reconhecido como autoridade intelectual e moral na esfera pública portuguesa, muito embora as suas ideias tenham ficado longe de servir de base a uma corrente política eficaz ou duradoura. Ele, contudo, sempre se viu como um "liberal ferrenho".[47] Monarquista, mas municipalista; agrarista, mas amigável a várias inovações tecnológicas; patriótico, mas antidemocrático; profundamente católico, mas também anticlerical, o seu liberalismo era muito sobrecarregado de tensões e de ambiguidades aparentes e reais. Por isso, sempre equivaleu a um sistema *sui generis* de crenças individuais.

É importante acrescentar que o conceito de liberalismo se cruza com Herculano e a sua obra em mais de um ponto. "Liberal", no português

---

47 HERCULANO, Alexandre. *Cartas*. vol. II. Lisboa: Bertrand, [s.d.], p. 221.

brasileiro deriva de um conceito que qualifica ideias, convicções e, eventualmente, partidos ou grupos políticos. Na linguagem histórico-política do português europeu, o termo tem todas essas acepções, mas, além disso, "liberalismo" funciona também, há muito, como um conceito de época. Um livro como *Alexandre Herculano e o Liberalismo em Portugal*, obra de juventude do grande historiador António José Saraiva,[48] joga competentemente com essa ambivalência: trata tanto do lugar de Herculano no movimento político-intelectual liberal como das ideias de Herculano no contexto político designado de "liberalismo". Numa obra de referência como a *História de Portugal* dirigida por José Mattoso, o volume correspondente ao século XIX subintitula-se "O liberalismo".[49] A época liberal é entendida, grosso modo, como aquela que sustentou ordenamentos políticos regulados por documento de natureza constitucional. Nesses textos constitucionais, que no caso português foram três ao longo do século XIX (com idas, vindas e atos adicionais),

---

48 SARAIVA, António José. *Herculano e o Liberalismo em Portugal*. 2ª ed. Lisboa: Bertrand, 1977 [1ª ed. 1949].

49 TORGAL, Luís Reis; ROQUE, João Lourenço (Coord.). *História de Portugal*: o Liberalismo (1807-1890). vol. 5. Lisboa: Estampa, 1998.

foram fixados alguns limites à ação do Estado e ao arbítrio dos detentores do poder, além de assegurados certos direitos individuais fundamentais. O liberalismo era, portanto, em razão da constitucionalização da ordem político-jurídica, concebido como o fruto de uma ruptura decisiva com o absolutismo. (Ambivalência semelhante entre o liberalismo como conceito epocal e como conceito de referência ideológica também se verifica em outras conjunturas nacionais, por exemplo, na espanhola).

As ideias liberais de Herculano assinalam uma grande estabilidade durante quase toda a trajetória do autor. A exceção deve-se ao período final da sua adolescência, quando ele se iniciou na política pelo lado que viria a combater durante o restante da vida: o do absolutismo miguelista. No ano em que Herculano completou 18 anos, 1828, D. Miguel, encarregado da regência durante a infância da sua prometida esposa e sobrinha, D. Maria da Glória, usurpa o trono português e dissolve os compromissos constitucionais assumidos no início da década. Descumpre também, entre outras coisas, o acordo feito com o seu irmão, D. Pedro, que abdicara em favor da filha de sete anos, para continuar como imperador do Brasil. Não se sabe ao certo o que terá levado Herculano a mudar de lado, mas o fato é que no ano seguinte ele já escrevia poemas em defesa da liberdade e contra a tirania, e em 1831 tomava parte numa revolta militar malsucedida, que o levaria ao exílio na Inglaterra e na França. Voltaria para Portugal um ano depois, na condição de voluntário do exército liderado por D. Pedro, numa ofensiva que seria crucial para a vitória do lado liberal na Guerra Civil.[50]

Desde essa experiência como militar voluntário, Herculano enxergava-se como um construtor da ordem liberal em Portugal. Nos anos 1830 e no início da década seguinte, a via pela qual mais tentará dar a sua contribuição para esse propósito é a da ficção histórica. Em quase todos os seus romances, ele mobiliza esteticamente o pensamento histórico para reinscrever valores tradicionais que lhe eram caros na configuração política e cultural que se procurava estabelecer. Partia da percepção de que, no longo prazo, as novas leis e instituições liberais só teriam chance de sobrevivência caso se firmasse uma espécie de cultura liberal carregada

---

50 Mais detalhes biográficos em ASSIS, Arthur Alfaix. "Alexandre Herculano". *In*: MATOS, Sérgio Campos (Coord.). *Dicionário de Historiadores Portugueses*. Lisboa: Biblioteca Nacional de Portugal, 2020, pp. 3/4.

de símbolos e crenças que apelassem não só às mentes, mas também aos corações das pessoas. A sua ficção histórica, quase toda produzida entre finais da década de 1830 e meados da década de 1840, não se dissocia de um esforço de cimentar afetos e convicções capazes de dar suporte à nova ordem política introduzida após a Guerra Civil. Essa teoria política da cultura estava em linha com a economia valorativa interna do próprio Herculano – por exemplo, com o seu patriotismo, que se se confundia com a defesa da monarquia; ou com a sua intensa religiosidade, aninhada numa certa idealização do cristianismo dos primeiros tempos.

É sintomático que antes de escrever o material depois compilado em *Lendas e narrativas*, antes publicar *O bobo*, *Eurico* e *O monge de Cister* (os seus três romances históricos), Herculano tenha sido alçado ao patamar de personalidade conhecida no mundo político-literário com um escrito em que ecoava uma primeira grande cisão no liberalismo português, então no poder. *A voz do profeta* é um panfleto poético e político em forma de uma admoestação inspirada nas *Paroles d'un croyant* (1833), de Lammenais, e certamente também nos vaticínios mais atemorizantes do Antigo Testamento. "Deus converteu a sua voz no meu pensamento" – assevera Herculano, ou o seu eu-lírico, numa passagem particularmente evocativa da atmosfera discursiva do texto –

> e colocou nos meus lábios o grito da sua cólera. O seu verbo desfará a minha alma, como o ar aquecido dilatando-se dentro do vaso o desfaz em fragmentos. O espanto cerca-me no meio das trevas, e o futuro está parado diante de mim como um pesadelo eterno.[51]

Para oferecer uma contextualização mais sublunar a palavras terrificantes como essas, é preciso lembrar que foram pronunciadas após a decisão do autor de se demitir da função de bibliotecário no Porto, em protesto contra a Revolução de Setembro de 1836 e a subsequente anulação da Carta Constitucional de 1826. O setembrismo pode e deve ser considerado como a principal etiqueta conceitual do liberalismo de feições democráticas existente à época. Herculano invoca figuras como a da justiça celeste, do anjo exterminador e da dança macabra para reprovar colericamente os fautores da revolução. Invectiva os que "ascenderam o vulcão popular",

51 HERCULANO, Alexandre. *Opúsculos I*. Lisboa: Presença, 1982, pp. 49/50.

condena o "povo" que "tinha a liberdade e quis a licença", pragueja contra o próprio espaço geográfico da revolução, ou seja, a cidade de Lisboa, "caverna de vícios e de desenfreamento".[52] *A voz do profeta* é mais do que um libelo antidemocrático; chega mesmo a ser um escrito demofóbico. Essa atitude, combinada à intensidade do seu patriotismo e à sua bem-enraizada religiosidade, autoriza-nos a classificar o autor como um liberal-conservador, tanto em matéria de organização institucional quanto em assuntos de política cultural.

Herculano foi um constante apologista dos direitos civis universais, da liberdade de consciência, do casamento civil, da proteção das minorias, da divisão dos poderes do Estado, do governo representativo, mas nunca defendeu a igualdade política e sempre manteve forte hostilidade ao princípio da soberania popular, além de discordar da redução das prerrogativas monárquicas efetuadas na Constituição de 1822, reativada brevemente após a Revolução de Setembro. Refletindo autocriticamente sobre *A voz do profeta* trinta anos após a publicação, ele ainda

52 HERCULANO, Alexandre. *Opúsculos I*. Lisboa: Presença, 1982, pp. 43 e 63.

opunha a "paixão da liberdade" à "paixão da democracia", reafirmava o compromisso com a primeira, e continuava a criticar a segunda por conduzir invariavelmente à "anulação do indivíduo diante do estado", quer por meio do "despotismo das multidões", quer através do "despotismo dos césares do plebiscito".[53]

Não cabe aqui olharmos para os detalhes da trajetória intelectual de Herculano, nem para as diferentes conjunturas da movimentada década de 1840 na arena política e social portuguesa. Basta indicar que, ao final da década, ele já havia transitado da ficção histórica para a historiografia propriamente dita, já tendo publicado a maior parte da obra em que se funda o seu renome enquanto historiador, a *História de Portugal*. Registre-se também que, ao longo da década, e antes mesmo da onda revolucionária europeia de 1848, o conflito entre os dois constitucionalismos, o cartista (favorecido por Herculano) e o setembrista havia culminado com uma nova, se bem que curta, espécie de guerra civil, a chamada Patuleia.

53 HERCULANO, Alexandre. *Opúsculos I*. Lisboa: Presença, 1982, pp. 40/41.

O fato é que ao cabo de vários conflitos e reviravoltas, a partir de 1851, a estabilidade política é finalmente conquistada sob a forma da chamada Regeneração, movimento que restaura a Carta Constitucional de 1826. Herculano estava então em guerra contra o Clero tradicionalista, ofendido com certas passagens da *História de Portugal* em que a mobilização da racionalidade metódico-filológica se tinha chocado com certos mitos de origem nacional, e em especial com o chamado "milagre de Ourique".[54] Chegou a participar da conspiração que deu o pontapé inicial à Regeneração, mas a sua proximidade com a nova ordem pouco durou. O seu liberalismo fortemente doutrinário e descentralizante era incompatível com o maleável liberalismo economicista que rapidamente veio a predominar na nova situação. Estamos aqui diante de um conflito que lembra um pouco (mas só um pouco) aquele entre neo- e vétero-liberais, que há muito marca a cena liberal em muitos lugares. Nessa conjuntura, Herculano aproximou-se dos velhos setembristas que antes havia combatido,

54 BUESCU, Ana Isabel Carvalhão. *O Milagre de Ourique e a "História de Portugal" de Alexandre Herculano*. Lisboa: Instituto Nacional de Investigação Científica, 1987.

isto é, daqueles que não se haviam deixado cooptar pela nova ordem. Portanto, ocorre uma estranha mudança no pensamento político de Herculano a partir de 1850. Mesmo sem fazer qualquer revisão substantiva nas suas posições fundamentais, ele é, por assim dizer, empurrado para a esquerda. Embora as suas ideias se tenham mantido razoavelmente constantes, o contexto político e religioso-político alterava-se fortemente, reposicionando-o e fazendo dele um adversário preferencial do tradicionalismo e do ultramontanismo, bem como um opositor "interno" ao cartismo – ou seja, à vertente liberal dos que, como ele, se apegavam à Carta constitucional de 1826.

O novo liberalismo, que tanto desagradava a Herculano, ajustava-se aos interesses de financistas, grandes empresários e políticos lisboetas. Era também cosmopolita, na medida em que imaginava o futuro nacional com base em experiências de desenvolvimento já feitas em outros países, percebidos como mais avançados. E também porque estava aberto à integração das finanças públicas e de setores da economia aos fluxos internacionais de capitais, que deveriam ser mobilizados via empréstimos públicos para a construção de infraestrutura, como no célebre caso das estradas de ferro. No plano político, era caracterizado pela defesa da autoridade central e por uma atitude conciliatória diante da política de fortalecimento da autoridade papal levada a cabo pela Santa Sé sob o longo pontificado de Pio IX.

Herculano não via nada disso com bons olhos: criticava a corrupção que grassava em torno da política de obras públicas dos governos da Regeneração, denunciava a pouca atenção dedicada à situação econômica das províncias, olhava com preocupação para os efeitos possivelmente adversos das ferrovias, temia que o país ficasse refém do capital estrangeiro, recusava veementemente o ultramontanismo, o dogma da infalibilidade papal e o marianismo. Opunha-se, sobretudo, à centralização do poder político, algo que comparava a um reforço da velha ordem absolutista, agora sob nova roupagem. Nesse contexto, nos seus escritos relativamente a questões políticas da década de 1850 recorreu várias vezes a associações de ideias como a presente na expressão "absolutismo liberal", para desqualificar como uma degenerescência o programa que então orientava a ação do governo.[55]

---

55 HERCULANO, Alexandre. *Opúsculos I*. Lisboa: Presença, 1982, p. 323.

Em *Origem e Estabelecimento da Inquisição em Portugal*, a sua segunda grande obra de história, publicada entre 1854 e 1859, Herculano procurou colocar em evidência os vínculos entre o velho centralismo absolutista e o novo centralismo liberal. Numa espécie de revanche contra os ataques tradicionalistas recebidos desde a polêmica sobre o milagre de Ourique, ele pôs-se a rememorar massacres e perseguições a judeus, bem como as negociações diplomáticas regadas a corrupção que precederam a autorização da Santa Sé para o funcionamento da Inquisição portuguesa. Num comentário à própria obra, inserido no âmbito de um novo texto de polêmica – desta vez contra a Concordata de 1857 e as restrições ao padroado português no Oriente nela propostas –, Herculano afirma que o seu livro sobre a Inquisição

> provava por documentos irrefragáveis que o despotismo era já no século XVI a corrupção e o crime debaixo do silêncio do terror, e o ultramontanismo[,] a hipocrisia e a cobiça debaixo de fórmulas pias.[56]

56 HERCULANO, Alexandre. *Opúsculos III*. Lisboa: Presença, 1984, p. 175.

Essa é uma boa síntese das intenções que o motivaram a enveredar por um tema e um período que antes estavam fora da sua área de especialidade.

Tudo isso, esclarece Herculano no prólogo da *História da Inquisição*, deveria servir ao leitor liberal como base para uma reflexão sobre se valeria mesmo a pena, no presente, reabilitar o centralismo político que teria sido a razão de tantos males nos séculos de vigência do absolutismo.[57] Como se vê, a crítica ao centralismo aplica-se ao reacionarismo absolutista e daí ganha força para incidir também para dentro do campo liberal. Os liberais centralistas seriam "trânsfugas" que estariam a se afastar dos valores essenciais associados às liberdades civis e políticas, e a se aproximar perigosamente da velha ordem. Para eles, o risco reacionário seria pequeno diante da enormidade das promessas ligadas à modernização econômica. Por contraste com as posições "estrangeiradas", cosmopolitas, dos expoentes desse liberalismo centralista, Herculano defendia uma visão "castiça" do

57 HERCULANO, Alexandre. *História da Origem e Estabelecimento da Inquisição em Portugal*. Tomo I. Lisboa: Bertrand, 1975, pp. 1-13.

desenvolvimento nacional, centrada bem menos no presente de outras sociedades e muito mais no próprio passado da comunidade nacional. As bases mais próprias para o futuro estariam, por assim dizer, não no presente, mas no próprio passado. É desse raciocínio temporal que decorre a função política desempenhada pelo medievalismo de Herculano.[58]

Expressão de uma tendência que marcou fortemente o romantismo europeu, a idealização do passado medieval ganha nos escritos políticos e sobretudo na historiografia de Herculano as feições de fundamento decisivo de um liberalismo historicizante e nacionalizante. Este contrastava com uma postura alternativa mais presentista, pouco apegada ao passado nacional e mais propensa a se deixar alavancar pela experiência internacional. Característica decisiva da *História de Portugal* e de outros escritos do autor, a apologia do municipalismo é talvez o gesto em que se manifesta da maneira mais orgânica e mais eficaz essa simbiose entre a política e a história, entre liberalismo e historicização – historicização

58 ASSIS, Arthur Alfaix. "Alexandre Herculano entre a imparcialidade e a parcialidade". *História da Historiografia*, vol. 13, nº 32, 2020, pp. 305/306.

essa que, diga-se de passagem, avançava de mãos dadas com idealizações que pesquisas posteriores muitas vezes viriam a refutar.[59] O ponto decisivo é que se a *História da Inquisição* assume uma atitude de crítica perante o passado investigado e perante o presente visado, a *História de Portugal*, que se concentra nos dois primeiros séculos do Estado português, é infinitamente mais afirmativa.[60] Um significado positivo que pervade a obra está sintetizado na tese de que no Portugal dos primeiros séculos havia uma espécie de equilíbrio entre o poder político e a sociedade, algo que só fora atingido em razão da mediação dos concelhos, das unidades municipais que ali teriam então funcionado como em nenhum outro lugar.

O esquema básico da história nacional que Herculano tinha em mente quando pensava em política, escrevia história, ou combinava ambas essas atividades era o seguinte: nos seus primeiros séculos, Portugal sediara um sistema

59 MATTOSO, José. "Prefácio". *In*: HERCULANO, Alexandre. *História de Portugal*. Tomo I. Lisboa: Bertrand, 1980, pp. 47-49.

60 ASSIS, Arthur Alfaix. "Alexandre Herculano entre a imparcialidade e a parcialidade". *História da Historiografia*, vol. 13, nº 32, 2020, pp. 319-322.

descentralizado de organização política, que se foi desfazendo à medida que se introduziam os componentes do futuro Estado absolutista: o expansionismo marítimo, o colonialismo, a Inquisição, a dissolução do poder municipal com a concomitante centralização jurídico-administrativa. O liberalismo estabelecido em Portugal em 1820, e reafirmado em 1834, deveria ter por objetivo supremo a dissolução da ordem absolutista e dos seus efeitos sobre a cultura e a organização social. Para tanto, cumpria olhar com calma para a configuração política pré-absolutista da nação. Herculano não propunha algo como um impossível retorno à Idade Média, mas achava que a ruptura histórica da nova ordem liberal com o absolutismo deveria ser mitigada pelo estabelecimento de relações de continuidade com um passado anterior, originário. O liberalismo condensava princípios políticos e de organização social eminentemente modernos, mas deveria ser visto ou posto em continuidade com a suposta liberdade experimentada pelas entidades municipais e, consequentemente, pelas classes médias nos primeiros séculos do estado português. (Também terá, para ele, sido prenunciado pelo cristianismo da era apostólica, mas essa é uma outra história).

***

Nas grandes tradições do pensamento político são constantes as disputas internas acerca de qual seria o "verdadeiro" conservadorismo, o "verdadeiro" socialismo, o "verdadeiro" liberalismo. Para Herculano, o "verdadeiro liberalismo" seria aquele capaz de alicerçar um contínuo trabalho de dissolução do absolutismo. Tanto o liberalismo democrático dos setembristas como o liberalismo economicista e centralizante dos regeneradores representariam alternativas insuficientes perante esse desafio. A melhor saída seria fortalecer as estruturas de poder e administração municipais – e, nesse ponto fundamental, Herculano estava próximo de uma linhagem do liberalismo francês que talvez tenha adaptado para o contexto europeu elementos do federalismo estado-unidense. Parafraseando Tocqueville, ele afirma na *História de Portugal* que o município parecia "ter saído diretamente das mãos de Deus".[61] Aponta, enfim, que a liberdade municipal seria a "base da única liberdade verdadeira que, em nosso entender, tem existido no mundo, e talvez a única possível".[62]

---

61 HERCULANO, Alexandre. *História de Portugal*. Tomo IV. Lisboa: Bertrand, 1981, p. 3334.

62 HERCULANO, Alexandre. *História de Portugal*. Tomo III. Lisboa: Bertrand, 1980, p. 52.

É essa liberdade, que ele supunha já ter sido vivida no medievo e depois perdida no âmbito da centralização absolutista, que Herculano pretende recuperar e ampliar. Como se vê, para ele, a liberdade política por excelência não é uma liberdade subjetiva. Estava antes vinculada a uma forma de autonomia ou soberania coletiva, a do município, em face da autoridade central. Trata-se, portanto, uma liberdade definida à moda antiga, e não à maneira moderna.[63] Mas isso não quer dizer que ele fizesse pouco caso de liberdades e direitos subjetivos ou da igualdade civil. A liberdade coletiva dos municípios era antes uma pré-condição sem a qual, pelo menos no contexto português, não se conseguiria proteger e aprofundar eficazmente liberdades e direitos individuais. Aqui esbarramos com aquela que é talvez a crença mais elementar a partir da qual se estrutura o pensamento de Herculano sobre quase tudo em matéria de política; sobre tópicos como a organização do ensino, a assistência social, as relações Estado-igreja, a infraestrutura

---

63 ALONSO, Ricardo Ledesma. "Las plumas y el plumeiro o la monarquia representativa de Alexandre Herculano". *Revista de História das Ideias*, vol. 37, 2ª série, 2019, p. 196.

econômica, o financiamento da produção agrícola, a imigração, entre muitos outros.

Os contextos e problemas concretos em torno dos quais e contra os quais Herculano articulou o seu pensamento político são já motivos suficientes para que não tentemos encontrar na sua obra soluções prontas para os problemas substantivos da nossa atualidade. No Brasil de hoje, Herculano merece ser mais lido, mais bem conhecido, mas não para se fazer dele um herói político, metade estrangeiro, metade aparentado conosco. Se é que deve ser tomado como exemplo de alguma coisa, que seja um exemplo de integridade moral e de coerência de princípios. Numa época e num lugar em que o conceito de liberdade foi sequestrado pelos chamados neoliberais, com apoio logístico de conservadores estatistas e sob a proteção de milícias formadas por reacionários fanáticos, isso já não seria tão pouco, nem tão apolítico assim.

Mas aí é preciso reconhecer um efeito colateral. Ao funcionar como um exemplo de integridade, Herculano se transformaria, ao mesmo tempo, num bom exemplo de ainda uma outra coisa: de como a vida política dificilmente se curva às abstrações éticas ou lógicas de um só indivíduo, por mais genial ou obstinado que este possa ser. O mesmo principismo, a mesma "ética da convicção", que faria de Herculano uma espécie de bastião moral para diferentes gerações futuras, explica o seu trágico fracasso enquanto operador político real no seu próprio presente.[64] A sua mudança para uma propriedade rural no Ribatejo e a sua conversão em agricultor profissional, nas suas últimas décadas de vida, devem-se, entre muitas outras, coisas à frustração decorrente da baixa adesão então suscitada pelos seus ideais e programas junto à elite política nacional.

Em todo caso, as ideias políticas de Herculano, entendidas em conjunto com as histórias dos muitos embates e polêmicas de que ele nunca se poupou, exemplificam bem o quão plural foi a tradição do liberalismo oitocentista, em Portugal e noutros cantos. Essa conclusão tem valor por si só, mas também pode servir de inspiração para que encaremos o liberalismo no nosso próprio presente menos como uma totalidade ideológica indivisível e muito mais como uma grande família de ideias e crenças políticas; uma família em que,

---

64 ASSIS, Arthur Alfaix. "Alexandre Herculano". *In*: MATOS, Sérgio Campos (Coord.). *Dicionário de Historiadores Portugueses*. Lisboa: Biblioteca Nacional de Portugal, 2020.

para o bem e para o mal, há muito não predomina a harmonia e a unidade.

Referências bibliográficas

ALONSO, Ricardo Ledesma. "Las plumas y el plumeiro o la monarquia representativa de Alexandre Herculano". *Revista de História das Ideias*, vol. 37, 2ª série, 2019.

ASSIS, Arthur Alfaix. "Alexandre Herculano entre a imparcialidade e a parcialidade". *História da Historiografia*, vol. 13, nº 32, 2020. Disponível em: https://doi.org/10.15848/hh.v13i32.1525. Acessado em: 06.02.2023.

______. "Alexandre Herculano". *In*: MATOS, Sérgio Campos (Coord.). *Dicionário de Historiadores Portugueses*. Lisboa: Biblioteca Nacional de Portugal, 2020. Disponível em: http://dichp.bnportugal.pt/historiadores/historiadores_alexandre_herculano.htm. Acessado em: 06.02.2023.

BUESCU, Ana Isabel Carvalhão. *O Milagre de Ourique e a "História de Portugal" de Alexandre Herculano*. Lisboa: Instituto Nacional de Investigação Científica, 1987.

HERCULANO, Alexandre. *História da Origem e Estabelecimento da Inquisição em Portugal*. (3 tomos). Lisboa: Bertrand, 1975-1976 [1ª ed. 1854-1859] [Obras completas de Alexandre Herculano].

______. *História de Portugal*: desde o começo da monarquia até o fim do reinado de Afonso III. (4 tomos). Lisboa: Bertrand, 1980-1981 [1ª ed. 1846-1853] [Obras completas de Alexandre Herculano].

______. *Opúsculos I*. Lisboa: Presença, 1982.

______. *Opúsculos III*. Lisboa: Presença, 1984.

______. *Cartas*. 2 vols. Lisboa: Bertrand, [s.d.].

MATTOSO, José. "Prefácio". *In*: HERCULANO, Alexandre. *História de Portugal*. tomo I. Lisboa: Bertrand, 1980.

MENEZES, Hugo Lenes. "Relações literárias de Alexandre Herculano com a cultura letrada brasileira". *Moara*, nº 48, 2018.

SARAIVA, António José. *Herculano e o Liberalismo em Portugal*. 2ª ed. Lisboa: Bertrand, 1977 [1ª ed. 1949].

TORGAL, Luís Reis; ROQUE, João Lourenço (Coord.). *História de Portugal*: o Liberalismo (1807-1890). vol. 5. Lisboa: Estampa, 1998.

CAPÍTULO VI

A SECULARIZAÇÃO COMO PROBLEMA POLÍTICO: A PERSPECTIVA LIBERAL

SÉRGIO DA MATA

De meu primeiro semestre na universidade, em 1986, uma aula de nosso professor de ciência política se mantém viva na memória. Bem-humorado, ele fez entender à turma que não é de bom-tom ler autores liberais, mas que em há ocasiões em que isso se mostra rigorosamente inevitável. Evitável, dizia ele, era que delatássemos pelos corredores da Faculdade de Filosofia e Ciências Humanas da UFMG o nome do docente que recomendara a leitura *daquilo*. Passados trinta e cinco anos, creio que já não há problema em revelar a identidade do responsável: o saudoso professor Carlos Baesse de Souza. A propósito, "aquilo" era um ensaio de José Guilherme Merquior sobre democracia.

Em que pesem todas as enormes diferenças, os liberais alemães parecem ter enfrentado dificuldades semelhantes na segunda metade do século XX. Ilhas perdidas num vasto oceano de pensadores radicais – à esquerda e à direita –, eles não pareciam contradizer a percepção generalizada de que duas guerras mundiais, totalitarismo e holocausto haviam feito do representante do liberalismo político alemão o mesmo de seu análogo brasileiro – uma *avis rara*. Sabemos hoje, graças aos importantes estudos de Jens Hacke,[65] que as coisas transcorreram de forma diferente na Alemanha.

Escrito no mesmo espírito, este ensaio pretende dar uma ideia da riqueza de uma corrente ainda pouco conhecida do pensamento liberal do pós-guerra. Para tanto, me limitarei à obra de dois autores que, ouso dizer, Baesse e Merquior haveriam de admirar. O que não quer dizer que

65 HACKE, Jens. *Existenzkrise der Demokratie*: zur politischen Theorie des Liberalismus in der Zwischenkriegszeit. Frankfurt am Main: Suhrkamp, 2018; HACKE, Jens. *Liberale Demokratie in schwierigen Zeiten*: Weimar und die Gegenwart. Hamburgo: Europäische Verlagsanstalt, 2021.

se deva alimentar esperanças de que o liberalismo político, especialmente em sua vertente alemã, possa vir a popularizar-se em nosso país. A lei de ferro que parece orientar o mercado latino-americano de ideias, em tudo desfavorável a tudo que não se revista de certo radicalismo (meramente retórico ou real, à direita ou à esquerda: pouco importa), sempre há de tornar as coisas extraordinariamente difíceis para os que se recusam a pensar em termos binários. Nada indica que essa situação vá mudar tão cedo. Recomenda-se, portanto, um mínimo de modéstia. A tarefa residiria, antes, em contribuir para que a dimensão política seja devidamente reincorporada ao horizonte intelectual dos liberais brasileiros. Que tal esforço não deve desconsiderar a íntima conexão entre o político e o religioso, é o que se tentará demonstrar a seguir.

Hermann Lübbe (1926-) e Ernst-Wolfgang Böckenförde (1930-2019) são dois dos mais proeminentes membros do *Collegium philosophicum*, grupo cuja história e importância apresentamos brevemente em outra oportunidade.[66] Da extensa obra publicada por um e outro, interessa-nos

66 MATA, Sérgio da. "O Collegium philosophicum e o destino da democracia liberal". *Estado da Arte*, 09 jan. 2021.

um tema em especial, tema, aliás, raramente discutido por autores liberais: o complexo problema das relações entre religião, secularidade e legitimação dos Estados modernos.

É trivial dizer que o liberalismo se articula, desde sua gênese, aos ideais de liberdade política e econômica. Menos trivial é a pergunta sobre como o liberalismo – e o liberalismo político em especial – se relaciona com os princípios de liberdade religiosa e de separação entre Estado e Igreja. Trata-se, pois, de refletir sobre as seguintes questões: como o Estado moderno, liberal, se relaciona com a religião, e, em particular, com a secularização? Em que medida a secularização pode ser entendida como um problema *político*?

A diversidade de pontos de vista por meio dos quais se pode abordar tais questões é patente. A secularização pode ser examinada como um problema de semântica histórica (a história do conceito de "secularização"), como um problema político-jurídico, histórico-filosófico e, *last but not least*, sociológico. Em suas publicações a respeito, Lübbe e Böckenförde cumprem a difícil tarefa de articular esse amplo arco de possibilidades. Daí sua visão criativa e, a nosso ver, analiticamente poderosa, sobre temas que, como demonstra a mais ligeira passagem de olhos pelo noticiário, se mantém rigorosamente atuais no Brasil de hoje.

Foi na primeira metade da década de 1960 que Lübbe e Böckenförde passaram a se debruçar sobre a complexa relação entre religião e modernidade política. Com efeito, os anos 1960-70 podem ser considerados a época áurea dos estudos sobre a secularização. Bastante difundida entre sociólogos e inclusive entre teólogos era a tese de que secularização significaria um declínio inexorável da religião, e que o ordenamento político nas sociedades industriais teria se emancipado completamente, seja das ideias, seja das instituições religiosas. O espaço social do religioso se restringiria tendencialmente, na melhor das hipóteses, à vida privada. Onde quer que a realidade não se apresentasse exatamente dessa maneira, é porque ali o processo de modernização não estaria "consumado". Assim rezava a teoria, ou as teorias, da secularização em sua vertente sociológica e histórico-filosófica: modernidade e religião seriam antípodas. A fim de que uma possa se impor, a outra deve retroceder. Para os saudosos de um domínio integral da religião sobre a vida, a modernidade é sinônimo do materialismo mais tacanho, e a secularização um mal a ser evitado ou revertido; ao passo que para os apóstolos da laicidade a secularização é algo – como chegou a escrever um dos mais célebres entre eles – de que não deveríamos abrir mão "nem terminológica, nem existencialmente".[67] Mas o que é, afinal, a secularização?

Em seu famoso livro sobre a história do conceito, Lübbe desvela a trajetória do termo desde suas origens no século XVII, passando por sua politização entre os jovens hegelianos no século XIX, por sua neutralização na sociologia de Tönnies e Weber, e, enfim, por sua intensa mobilização nos meios eclesiásticos do pós-guerra. Para Lübbe, a transmutação de uma categoria descritiva em instrumento de luta política (como aconteceu, entre nós, com o conceito de "golpe de Estado") é o que metamorfoseia o conceito de secularização num *ideenpolitischer Begriff*, num conceito político – ou antes, politizado. Em situações assim "o conceito torna-se palavra de ordem".[68] Ele deixa de ser instrumento heurístico para se tornar armamento retórico pesado. Ora,

---

67 PIERUCCI, Antônio Flávio. "Secularização em Max Weber: da contemporânea serventia de voltarmos a acessar aquele velho sentido". *Revista Brasileira de Ciências Sociais*, vol. 13, nº 37, 1998, p. 65.

68 LÜBBE, Hermann. *Säkularisierung*: Geschichte eines ideenpolitischen Begriffs. Friburgo: Alber, 2003, p. 20.

tal operação foi efetuada por setores das Igrejas cristãs para os quais a causa última de todos os males da sociedade ocidental, do Renascimento aos crimes do totalitarismo, adviriam da secularização.[69] Nesses meios, a secularização se torna o "conceito central de uma teoria da decadência histórica".[70] É no mínimo curioso observar como o meio acadêmico produziu análogos dessa teoria confessional da religião, por exemplo, com Marcel Gauchet. Num salto especulativo vertiginoso, Gauchet sugeriu que o religioso só teria existido em sua *plenitude* nas primeiras sociedades humanas, antes do advento do poder político e do Estado.[71] À gradativa institucionalização do político (sobretudo em sua configuração moderna) corresponderia, necessariamente, um progressivo esvaecimento da religião.

Voltemos a Lübbe. Não se pode negar que a história política do conceito de secularização

---

69 LÜBBE, Hermann. *Säkularisierung*: Geschichte eines ideenpolitischen Begriffs. Friburgo: Alber, 2003, pp. 116/117.

70 LÜBBE, Hermann. *Säkularisierung*: Geschichte eines ideenpolitischen Begriffs. Friburgo: Alber, 2003, p. 87.

71 GAUCHET, Marcel. *Le désenchantement du monde*: une histoire politique de la religion. Paris: Gallimard, 1985.

contenha uma dimensão pragmática própria. Podemos resumi-la nos seguintes termos: *a defesa da secularização é também uma defesa do Estado liberal-democrático*. Por outro lado, e como se verá adiante, essa posição de Lübbe, a posição de um liberal "depois do Iluminismo", não se confunde com as versões militantes, laicistas, de secularismo. Para além da depuração semântica proporcionada pela história conceitual, a tarefa intelectual decisiva, aqui, é a de identificar o tipo de secularização de que não podemos prescindir, ou antes, a sua extensão ótima nos marcos do sistema político aberto e pluralista que nos cabe promover e defender.

A posição de Lübbe fica mais clara numa resenha publicada dois anos antes de concluir sua história do conceito. Na ocasião, ele afirma:

> a democracia é secular em sua substância, e uma vontade política que queira mudar isso a ameaça (...) em sua substância mesma.[72]

72 LÜBBE, Hermann. "Verteidigung der Freiheit als Kampf gegen den Liberalismus". *Zeitschrift für Politik*, vol. 8, nº 4, 1961, pp. 349/350.

Guiar-se seja por uma teologia política conservadora, seja por uma teologia política revolucionária, só é possível

> quando se ignora o conteúdo daquele "liberalismo" que não pode ser ultrapassado sem que com isso o próprio Estado Democrático seja ultrapassado.[73]

Todo aquele que, guiado por um "ressentimento de perdedor", insiste em tratar

> incansavelmente como herético o moderno Estado Democrático, (...) representa em sua pessoa a debilidade da relação que a consciência política [coletiva], uma vez mais, mantém com nosso Estado Democrático.[74]

Em suma, a forma como concebemos a secularização está longe de ser apenas um problema de semântica histórica, de convicção

---

73 LÜBBE, Hermann. "Verteidigung der Freiheit als Kampf gegen den Liberalismus". *Zeitschrift für Politik*, vol. 8, nº 4, 1961, p. 350.

74 LÜBBE, Hermann. "Verteidigung der Freiheit als Kampf gegen den Liberalismus". *Zeitschrift für Politik*, vol. 8, nº 4, 1961, p. 351.

religiosa individual ou mesmo de ausência dessa convicção. A questão está estreitamente relacionada à legitimidade mesma de que desfruta o Estado moderno.

Ora, tal hipótese não estaria na contramão da lógica dominante na modernidade ocidental, segundo a qual o político gradativamente se liberta do religioso? Para compreender a questão será preciso examinar um influente ensaio de Böckenförde de 1967, *A formação do Estado enquanto processo de secularização*. Em suas conclusões, o autor (que foi juiz da Suprema Corte alemã entre 1983 e 1996) apresenta uma proposição cuja influência na teoria política e nos meios jurídicos de seu país se manteve inabalada desde então: "o Estado liberal, secular, vive de premissas que ele próprio não é capaz de garantir".[75]

Böckenförde está menos interessado na história do conceito que da coisa. E coisas, como se sabe, são em geral mais antigas que as palavras que inventamos para denotá-las. O autor recua não à Paz de Vestfália em 1648,

---

75 BÖCKENFÖRDE, Ernst-Wolfgang. *Der säkularisierte Staat*: sein Charakter, seine Rechtfertigung und seine Probleme im 21. Jahrhundert. Munique: Carl Friedrich von Siemens Stiftung, 2007, p. 71.

mas à disputa das investiduras, em pleno século XI. No medievo predominava a noção de *orbis christianus*, em que inexistia uma clara distinção entre as atribuições e competências da autoridade religiosa e da autoridade civil. Foi somente no calor da disputa entre o imperador Henrique IV e o papa Gregório VII que se estabeleceu uma oposição entre as esferas do "mundano" e do "espiritual". Ao denegar ao Imperador a possibilidade de nomear bispos, o papa produz uma inflexão sem precedentes: reclamando para si o domínio exclusivo da esfera religiosa, Gregório VII "expulsa" o poder civil para o âmbito do estritamente "mundano". O poder político é destituído então de sua conotação sagrada e passa a dispor (ao menos em tese) de uma jurisdição própria. Ou seja, os primórdios da "secularização" da autoridade civil e a quebra de unidade simbólica do *orbis christianus* são processos originalmente deflagrados *pela* autoridade eclesiástica, e não contra ela. Para Böckenförde,[76] "a querela das investiduras constitui a política enquanto esfera própria". A despeito de todas as idas e vindas

---

76 BÖCKENFÖRDE, Ernst-Wolfgang. *Der säkularisierte Staat*: sein Charakter, seine Rechtfertigung und seine Probleme im 21. Jahrhundert. Munique: Carl Friedrich von Siemens Stiftung, 2007, p. 50.

até o século XVII, fica claro que a separação entre mundano e espiritual fornece as bases nas quais o Estado moderno viria a se constituir, e que tal processo pode ser efetivamente descrito como uma "secularização da política".[77] Daí que a formação dos primeiros Estados-nação se confunda, em grande parte, com a luta pela afirmação da soberania do poder civil ante as pretensões imperiais dos pontífices romanos.

O próximo momento decisivo é o das guerras de religião que se espalharam pela Europa no rescaldo da Reforma. Esses conflitos sangrentos, e que alguém chamou de "guerras civis hermenêuticas", fazem com que a questão religiosa assuma um claro significado político. Afinal, cada uma das confissões pretendia que a tarefa do Estado fosse reprimir e, se possível, eliminar suas concorrentes. Dá-se então o segundo grande passo rumo à separação entre as esferas civil e eclesiástica, e que levou à afirmação definitiva da primeira sobre a segunda. O Estado só é capaz de pacificar a sociedade quando se *emancipa* dos interesses religiosos particulares.

---

77 BÖCKENFÖRDE, Ernst-Wolfgang. *Der säkularisierte Staat*: sein Charakter, seine Rechtfertigung und seine Probleme im 21. Jahrhundert. Munique: Carl Friedrich von Siemens Stiftung, 2007, p. 51.

A autoridade real tem por tarefa precípua estabelecer a concórdia, não a "verdade". E ainda que o instituto da religião "oficial" tenha sido uma criação daquele período (*cujus regio, eius religio*), após o Edito de Nantes, em 1598, o que predomina é a ideia de que dos súditos se espera lealdade e conformidade às leis, quaisquer que fossem suas crenças. Com isso, se estabelece como finalidade última do Estado "os objetivos puramente seculares, orientados para a imanência e independentes da religião".[78]

Essa longa história, como sabemos, culmina na Revolução Francesa, quando se completa, enfim, a imanentização do político. A "base do Estado" é agora o ser humano por si e em si mesmo. Com a consubstanciação da liberdade de religião enquanto Direito objetivo, deixa de fazer sentido a ideia de que uma determinada religião possa gozar de privilégios especiais. Chega à sua plenitude um processo que, para Böckenförde, havia se iniciado muito antes da invenção do conceito de secularização.

---

78 BÖCKENFÖRDE, Ernst-Wolfgang. *Der säkularisierte Staat*: sein Charakter, seine Rechtfertigung und seine Probleme im 21. Jahrhundert. Munique: Carl Friedrich von Siemens Stiftung, 2007, p. 62.

Eis porque, para o autor, a extensão da secularização do Estado pode ser "medida" pela efetividade com que se implementa e preserva o direito à liberdade religiosa. Uma vez superado esse limiar, todas as tentativas de se restabelecer a situação anterior, pré-moderna, estão condenadas ao fracasso. A história do Estado secular moderno não pode ser desvinculada da separação Igreja-Estado e da garantia de efetiva liberdade religiosa.

Eis a motivação última do ensaio de Böckenförde, e que, a rigor, não difere da de Lübbe: tão logo assume sua configuração plena, de que fontes – para além do que Max Weber bem caracterizou como o "monopólio do uso legítimo da violência" – o Estado moderno extrai as forças capazes de amalgamar e manter unido o corpo de cidadãos? Onde buscar tais energias, agora que os símbolos e ritos religiosos restam afastados da esfera pública? No século XIX e em parte do XX o nacionalismo, de fato, chegou a desempenhar este papel. Mas a época de ouro deste fenômeno já se foi. Como mostra o exemplo do governo de Jair Bolsonaro, a tentativa ultraconservadora de reavivar a mística nacionalista se apresenta, quando muito, como uma anacrônica caricatura do que chegou a ser outrora.

O problema diagnosticado por Böckenförde apresenta uma dupla dimensão. Por um lado, constata ele, não há possibilidade de retornarmos à situação vigente no Antigo Regime sem que, com isso, se coloque abaixo essa extraordinária conquista moderna: o Estado concebido como o *ordenamento da liberdade*. Por outro lado, segue irresolvida a questão expressa em sua famosa fórmula: "o Estado liberal, secular, vive de premissas que ele próprio não é capaz de garantir". Eleições legitimam governantes, mas como legitimar o Estado? Em sociedades pluralistas, como construir consensos em torno do modelo de Estado que queremos sem, com isso, colocar em risco o próprio pluralismo? Böckenförde duvida, inclusive, que isso se possa obter por meio do "Estado de Bem-Estar". Que Estado estará em condições de satisfazer continuamente as crescentes expectativas eudemonistas numa sociedade de massas? Caso se pretenda de fato trilhar esse caminho, "em que um tal Estado pode[rá] se apoiar *numa hora de crise*?"[79] Com a súbita queda do bem-estar

---

79 BÖCKENFÖRDE, Ernst-Wolfgang. *Der säkularisierte Staat*: sein Charakter, seine Rechtfertigung und seine Probleme im 21. Jahrhundert. Munique: Carl Friedrich von Siemens Stiftung, 2007, p. 72 (grifo nosso).

material, a legitimidade mesma do Estado restaria gravemente comprometida.

Böckenförde não teve a pretensão de oferecer uma solução para esse dilema. Na condição de teórico e historiador do Direito, mas também na de católico liberal engajado, sua intenção foi antes a de tentar sensibilizar sua Igreja para a necessidade de reverter uma já multissecular resistência cristã ao Estado secular. Vale dizer: parte considerável das energias desestabilizadoras do edifício institucional que desde 1949 ancora a democracia alemã, advinham justamente dos que seguiam insistindo na utopia retrospectiva do *orbis christianus*. Ao identificar na secularização o "mal" moderno por excelência e, consequentemente, colocar em questão o estatuto secular do ordenamento político-jurídico da República Federal, a intelectualidade católica alemã minava os fundamentos culturais sobre os quais assenta o Estado enquanto "ordenamento da liberdade".

Numa formulação ainda mais explícita, pode-se dizer que para Lübbe e Böckenförde o Estado secular *não prescinde da religião*, tanto quanto a vida religiosa, em sua diversidade de formas, só pode ser livremente exercida caso as premissas do Estado secular sejam integralmente preservadas. A religião que se recusa a reconhecer o Estado secular moderno – em última análise – coloca a si mesma em risco.

É preciso deixar claro o que se pretende dizer com esse paradoxal "não prescindir da religião". Na década de 1980, Lübbe se volta para um tema que ganhara relevância desde a publicação do famoso artigo de Robert Bellah sobre a religião civil na América.[80] Após comparar os casos norte-americano, francês e alemão, Lübbe propõe uma original definição do fenômeno. Pode-se falar em religião civil quando "elementos de uma cultura religiosa estão integrados no sistema político", e de uma forma tal que esses elementos vinculam o cidadão à sua comunidade política tanto como *homo politicus* quanto como *homo religiosus*.[81] Quanto ao conteúdo "doutrinário" da religião civil, Bellah já havia mostrado que ele se reduz a um mínimo: menções isoladas a "Deus" nos discursos dos chefes de Estado e

---

80 BELLAH, Robert N. "Civil Religion in America". *In*: MCLOUGHLIN, William G.; BELLAH, Robert N. (Coord.). *Religion in America*. Boston: Beacon Press, 1968.

81 LÜBBE, Hermann. "Estado y religión civil: un aspecto de la legitimidad política". *In*: ______. *Filosofía práctica y teoría de la historia*. Barcelona: Alfa, 1983, pp. 80 e 98.

no arcabouço jurídico, um diminuto conjunto de lugares e símbolos sagrados, o emprego de fórmulas estereotipadas como *In God we trust* ou *Deus seja louvado.*

Resta saber se o surgimento da religião civil, tendo ocorrido concomitantemente à afirmação do Estado secular moderno, não seria sua negação. Para Lübbe, "não obstante seu lugar privilegiado nos preâmbulos", a religião civil "tem uma posição marginal no sistema jurídico".[82] Ela não coloca em risco o caráter secular do Estado, uma vez que, em condições normais, se apresenta de forma difusa e não como um real concorrente no mercado de bens religiosos.[83] A bem da verdade, trata-se menos de uma religião do que da reverberação do "elemento religioso da cultura política dominante",[84] reverberação que mostra quão apressada é a tese de Gauchet

---

82 LÜBBE, Hermann. "Estado y religión civil: un aspecto de la legitimidad política". *In*: ______. *Filosofía práctica y teoría de la historia*. Barcelona: Alfa, 1983, p. 88.

83 LÜBBE, Hermann. "Estado y religión civil: un aspecto de la legitimidad política". *In*: ______. *Filosofía práctica y teoría de la historia*. Barcelona: Alfa, 1983, p. 89.

84 LÜBBE, Hermann. "Estado y religión civil: un aspecto de la legitimidad política". *In*: ______. *Filosofía práctica y teoría de la historia*. Barcelona: Alfa, 1983, 94.

sobre a "dissolução democrática da alteridade do fundamento" das construções sociais da realidade em contextos modernos.[85]

O aparente paradoxo representado pela emergência da religião civil deve ser entendido da seguinte maneira: o que ela revela é o fato de que o Estado liberal e secular não dispõe de "autarquia legitimante".[86] Devemos compreendê-la, portanto, como uma daquelas "premissas" a que se refere Böckenförde em seu teorema. Em outras palavras, antes de ser realidade político-jurídica com um estatuto próprio, o Estado secular e liberal é um artefato cultural.[87] É a cultura moderna, na acepção ampla do termo, que o "cria", ao passo que ele não é capaz de criar uma cultura da qual possa se retroalimentar. A religião civil é um desses reservatórios suplementares de sentido que proporcionam ao ordenamento

---

85 GAUCHET, Marcel. *Le désenchantement du monde*: une histoire politique de la religion. Paris: Gallimard, 1985, p. 286.

86 LÜBBE, Hermann. "Estado y religión civil: un aspecto de la legitimidad política". *In*: ______. *Filosofía práctica y teoría de la historia*. Barcelona: Alfa, 1983, p. 100.

87 BÖCKENFÖRDE, Ernst-Wolfgang. *Der säkularisierte Staat*: sein Charakter, seine Rechtfertigung und seine Probleme im 21. Jahrhundert. Munique: Carl Friedrich von Siemens Stiftung, 2007, pp. 30/31.

político-jurídico a sua força interna de coesão, garantindo-lhe um mínimo de reconhecimento social e estabilidade. Eis porque a religião civil não compromete a natureza do Estado secular ou o princípio da liberdade religiosa. Oferecendo ao Estado uma base de legitimidade suplementar, ela contribui para *salvaguardar* a liberdade e a diversidade religiosa.

Em publicações posteriores, Lübbe e Böckenförde continuaram explorando a complexa relação existente entre cultura religiosa e os problemas de legitimação do Estado moderno. Nada ali que sugira simpatia por um laicismo militante, à la Pierucci, e cujas feições pré-iluministas ambos fizeram questão de sublinhar.[88] Suas preocupações se voltam então para temas ligados ao que os alemães chamam de "Direito Eclesiástico público" (*Staatskirchenrecht*) e, em especial, para dois desafios recentes. O primeiro deles é a crescente dificuldade de produção de

---

88 LÜBBE, Hermann. "Estado y religión civil: un aspecto de la legitimidad política". *In*: ______. *Filosofía práctica y teoría de la historia*. Barcelona: Alfa, 1983, p. 82; BÖCKENFÖRDE, Ernst-Wolfgang. *Der säkularisierte Staat*: sein Charakter, seine Rechtfertigung und seine Probleme im 21. Jahrhundert. Munique: Carl Friedrich von Siemens Stiftung, 2007, pp. 28/29.

consensos estáveis em sociedades cada vez mais plurais, nas quais as Igrejas históricas passam por uma perda de fiéis sem precedentes, ao passo que comunidades religiosas em franco crescimento têm notórias dificuldades de reconhecer o princípio de separação entre poder civil e religioso. O segundo desafio é o da repolitização da religião, fenômeno ontem representado pela teologia da revolução europeia e pela teologia da libertação latino-americana, e hoje pela ameaça do fundamentalismo em suas diversas modalidades. O que permite identificar a religião repolitizada? Lübbe[89] recorre à sagaz observação de Arnold Gehlen: "volta-se a levar a religião a sério" quando há "facções religiosamente condicionadas e dispostas à luta".[90]

As contribuições de Lübbe e Böckenförde nos ajudam a recolocar com clareza e o devido senso de urgência – mas sem alarmismo – o problema da religião no âmbito de uma teoria liberal do Estado moderno. Em que pesem temores às

---

89 LÜBBE, Hermann. "Estado y religión civil: un aspecto de la legitimidad política". *In*: ______. *Filosofía práctica y teoría de la historia*. Barcelona: Alfa, 1983, p. 102.

90 GEHLEN, Arnold. "Religion und Umweltstabilisierung". *In*: SCHATZ, Oskar (Coord.). *Hat die Religion Zukunft*? Graz: Styria, 1971.

vezes exagerados e pouco informados, a presença revigorada da religião no espaço público brasileiro não parece ter chegado ao ponto de colocar a secularidade do Estado em risco. Num campo religioso plural como é o nosso, nenhuma confissão dispõe de força suficiente para colocar o aparato estatal a serviço de seus interesses. A situação, porém, dá margem à preocupação e requer vigília. Eis a questão: se a quase totalidade dos ataques recentes à nossa democracia contaram com o silêncio cúmplice dos "novos" protagonistas no mercado de bens religiosos, não é menos verdade que o reforço dos pressupostos culturais do Estado secular e liberal é uma tarefa para a qual estes mesmos atores podem e *devem* ser convencidos a dar sua contribuição.

Referências bibliográficas

BELLAH, Robert N. "Civil Religion in America". *In*: MCLOUGHLIN, William G.; BELLAH, Robert N. (Coord.). *Religion in America*. Boston: Beacon Press, 1968.

BÖCKENFÖRDE, Ernst-Wolfgang. *Der säkularisierte Staat*: sein Charakter, seine Rechtfertigung und seine Probleme im 21. Jahrhundert. Munique: Carl Friedrich von Siemens Stiftung, 2007.

GAUCHET, Marcel. *Le désenchantement du monde*: une histoire politique de la religion. Paris: Gallimard, 1985.

GEHLEN, Arnold. "Religion und Umweltstabilisierung". *In*: SCHATZ, Oskar (Coord.). *Hat die Religion Zukunft*? Graz: Styria, 1971.

HACKE, Jens. *Existenzkrise der Demokratie*: zur politischen Theorie des Liberalismus in der Zwischenkriegszeit. Frankfurt am Main: Suhrkamp, 2018.

______. *Liberale Demokratie in schwierigen Zeiten*: Weimar und die Gegenwart. Hamburgo: Europäische Verlagsanstalt, 2021.

LÜBBE, Hermann. "Verteidigung der Freiheit als Kampf gegen den Liberalismus". *Zeitschrift für Politik*, vol. 8, nº 4, 1961.

______. "Estado y religión civil: un aspecto de la legitimidad política". *In*: ______. *Filosofía práctica y teoría de la historia*. Barcelona: Alfa, 1983.

______. *Säkularisierung*: Geschichte eines ideenpolitischen Begriffs. Friburgo: Alber, 2003.

MATA, Sérgio da. "O *Collegium philosophicum* e o destino da democracia liberal". *Estado da Arte*, jan. 2021.

PIERUCCI, Antônio Flávio. "Secularização em Max Weber: da contemporânea serventia de voltarmos a acessar aquele velho sentido". *Revista Brasileira de Ciências Sociais*, vol. 13, nº 37, 1998.

NOTAS

NOTAS

A Editora Contracorrente se preocupa com todos os detalhes de suas obras! Aos curiosos, informamos que este livro foi impresso no mês de maio de 2023, em papel Pólen Natural 80g, pela Gráfica Grafilar.